U0534524

法律规制影响评估指标体系研究

李志强 著

中国社会科学出版社

图书在版编目(CIP)数据

法律规制影响评估指标体系研究 / 李志强著. --
北京：中国社会科学出版社，2025.3. -- ISBN 978-7
-5227-4738-5

Ⅰ. D902

中国国家版本馆 CIP 数据核字第 2025UX1474 号

出 版 人	赵剑英
责任编辑	许　琳
责任校对	苏　颖
责任印制	郝美娜

出　　版	中国社会科学出版社
社　　址	北京鼓楼西大街甲 158 号
邮　　编	100720
网　　址	http：//www.csspw.cn
发 行 部	010-84083685
门 市 部	010-84029450
经　　销	新华书店及其他书店
印刷装订	北京市十月印刷有限公司
版　　次	2025 年 3 月第 1 版
印　　次	2025 年 3 月第 1 次印刷
开　　本	710×1000　1/16
印　　张	13.5
字　　数	188 千字
定　　价	78.00 元

凡购买中国社会科学出版社图书，如有质量问题请与本社营销中心联系调换
电话：010-84083683
版权所有　侵权必究

序　言

"良法是善治之前提"。只有对法律法规进行有效评估，预测与衡量法律法规对经济、社会和环境产生的具体影响，保证利益群体的受益和受损程度维持在社会可接受的范围之内，才能获得良法。而要对法律进行科学的评估，就需要一套有效的评估指标体系。评估指标体系成为法律评估的关键要素。它旨在通过建立一套容纳经济、社会、环境影响的测度指标，测算法律可能产生的收益与成本，从而使得立法评估更具操作性、客观性与精确性。

法律规制影响评估指标体系作为立法评估实施过程中的基本测量工具，它将法律法规共同的影响因素作出一般性的概括和总结，并对这些影响因素予以指数化的塑造，以期揭示法律法规对经济、社会和环境发展的整体效用。法律规制影响评估指标体系的适用贯穿于整个立法过程，包括立法前、立法中与立法后的三个阶段。其中，指标体系在立法前的应用属于一种预评估，其评估效果具有预测性。指标体系在立法中的运用直接关系到立法结果，并在一定程度上规范了立法博弈。指标体系在立法后的使用，则是未来修法的重要前提，关系到法律修改的质量。评估指标体系应遵循合法性、合理性以及系统优化等构建原则。

当前国外法律规制影响评估指标体系主要有两种模式。其一为美国和加拿大采用的成本收益模式。此种模式不再具体细分法律影响的不同领域与内容，直接对相关后果进行成本收益测算和评估。其二是欧盟模式。此种模式先将法律的影响区分为社会、经济、环境等不同类型，这些具体类型就成为不同层级的评估指标；最后对这些指标进行具体的成本收益测算与度量，从而形成评估结果。两种模式最终都要进行成本收益分析，努力通过货币化来进行客观的比较与衡量。结合我国实际情况，追求评估指标技术上的模块化，价值目标上服务于社会可持续发展。我们借鉴欧盟模式，将法律影响区分为：经济影响、社会影响和环境影响三大类。在此基础上，将我国法律规制影响评估指标体系区分为社会影响评估指标、经济影响评估指标和环境影响评估指标三大一级指标。其中，法律的社会影响评估指标科学测度法律的社会影响。法律的社会影响主要包括对人口的影响、文化的影响、政治的影响、道德影响等内容。依据社会影响的基本范围，我们选择社会生活影响、社会就业影响、公共服务影响、社会基本价值影响以及社会保障影响等，作为主要的测度指标。对经济增长而言，制度是关键的，而现代社会法律又是最主要的制度形式。法律对经济有着重要的影响。我国经济未来发展的动力相当程度上取决于"良法"的供给。法律的经济影响评估指标旨在科学有效地测度法律对经济的具体影响。法律的经济影响评估指标具体包括以下四个方面内容，宏观经济影响指标、市场机制影响指标、企业发展影响指标、消费者影响指标。当然，这四个指标在具体应用中又可以进一步细分为不同层级的子指标。法律的环境影响评估指标设计主要依据环境影响评价中的要素识别对象，评估指标具体划分为土壤资源影响指标、大气环境影响指标、水资源影响指标、固体废物影响指标、声环境影响指标、动植物资源影响指标、矿物资源影响指标以及生态保护影响指标。

法律规制影响评估指标是具体的、典型的而不是抽象的。由于立法评估是一个复杂的社会活动，法律对社会、经济以及环境的影响作用千变万化，法律规制影响评估指标难以穷尽，指标体系难以也不可能涵盖所有的影响内容。因此，指标体系具体选择这些最为重要的经济、社会和环境影响因素作为评估指标，努力做到指标设计上的模块化与通用性。

指标的量化是法律评估的有效手段，评估过程中在可能的情况下对相关指标尽量予以量化与货币化分析，并通过成本收益的方法获得最终的数量结果。当然，对于无法量化测度的指标，仍需定性分析。通过评估指标的定性与定量分析，从而为法律制定与修改提供决策依据，改进立法质量，实现善治目标。

一部法律通常会有多个面向的影响，相关评估会涉及多个不同指标。科学设置不同指标的权重就成为评估成败的关键。依据客观、准确、便于操作的原则，我们选择适合的权重设置方法赋予指标权重，应对法律规制影响评估指标复杂、多样性的要求，减少指标测量的误差，有效保障评估的科学性。评估的有效性还取决于相关数据的客观与准确。指标的信度和效度也要运用统计学的工具与模型进行审查，借助计算机工具运算，从而保证指标之间的关联性和因果关系。最后，通过将相关指标应用到两部具体法规的评估中，具体展现该指标体系如何应用操作，其对评估质量的贡献，及其不足与局限。

目　录

导　论 …………………………………………………………（1）
　　一　研究背景与意义 …………………………………………（1）
　　二　国内外研究现状 …………………………………………（3）
　　三　研究方法 …………………………………………………（16）
　　四　研究思路与框架 …………………………………………（17）
　　五　创新之处和可能的不足 …………………………………（23）

第一章　法律规制影响评估指标体系的理论基础 ……………（25）
　　一　法律规制影响评估实施的必要性与可行性 ……………（25）
　　二　法律规制影响评估指标体系的界定 ……………………（30）
　　三　法律规制影响评估指标体系的建构原则 ………………（33）
　　四　法律规制影响评估指标体系的适用范围 ………………（39）
　　五　法律规制影响评估指标体系的价值 ……………………（44）

第二章　域外法律规制影响评估指标体系的考察 ……………（50）
　　一　美国法律规制影响评估指标体系 ………………………（50）
　　二　加拿大法律规制影响评估指标体系 ……………………（58）
　　三　欧盟法律规制影响评估指标体系 ………………………（65）

第三章　我国法律规制影响评估指标体系的基本设计 …………（74）
　　一　域外经验之于我国的启示 ……………………………（74）
　　二　法律规制影响评估指标体系的核心内容 ……………（77）
　　三　法律规制影响评估指标体系划分的依据 ……………（79）

第四章　法律的社会影响评估指标 ……………………………（82）
　　一　法律的社会影响评估的界定 …………………………（82）
　　二　法律社会影响评估指标的框架体系 …………………（88）
　　三　法律社会影响评估指标的具体内容 …………………（91）
　　四　法律社会影响评估指标的实践价值 …………………（95）

第五章　法律的经济影响评估指标 ……………………………（99）
　　一　法律制度与经济增长 …………………………………（99）
　　二　部门法的经济影响界分及其评估 ……………………（107）
　　三　法律经济影响评估指标的理论框架 …………………（112）
　　四　法律经济影响评估指标的具体内容 …………………（116）

第六章　法律的环境影响评估指标 ……………………………（120）
　　一　法律环境影响评估的界定及实践 ……………………（120）
　　二　法律环境影响评估指标的理论框架 …………………（126）
　　三　法律环境影响评估指标的具体内容 …………………（128）

第七章　法律规制影响评估指标体系的权重设置及测量方法 ……（136）
　　一　法律规制影响评估指标的权重设置 …………………（136）
　　二　法律规制影响评估指标的数据收集 …………………（140）
　　三　法律规制影响评估指标的具体测量方法 ……………（143）

附论一　某市《供水管理规定》规制影响评估 …………………（149）

附论二　Q市《养犬管理条例》规制影响评估 …………………（174）

附录　法律规制影响评估指标体系图表 …………………………（192）

参考文献 ……………………………………………………………（201）

导　论

一　研究背景与意义

科学立法离不开有效评估。立法评估，简单来讲，就是对法律实施效果进行系统评价的活动。立法评估是保障立法质量的有效工具。有关统计显示，从2000年开始，中央和地方的立法机关先后开展了立法评估活动。例如，2006年国务院法制办首次对《信访条例》等六部行政法规进行立法后评估试点，通过评估，进一步完善法规制度内容。随后山东、云南、黑龙江、广东等省以及深圳、青岛、珠海、长沙等市也都纷纷开展地方立法评估工作。但由于缺少统一标准，在评估实践中各地使用的评估指标差异却很大。例如2005年的《吉林省贸易计量监督条例》是以法规的必要性、合法性、针对性、可操作性、合理性作为评估重点。2009年的《甘肃省实施〈人民防空法〉办法》是以法制的统一性、法规的现实适应性、立法条件目的的实现等为评估重点。2016年的《无锡市燃气管理办法》主要从合法性、合理性、协调性、可操作性、技术性和绩效性六个标准进行实施后评估工作。2023年的《宁波市人民防空工程管理办法》立法后评估活动则主要从合法性、可操作性等方面进行考察。由此可知，实践中评估指标体系各不相同。大多数评估活动使用的仍然是立法的合法性、合理性、协调性、可操作性和规范性等评估指标。当然这些方面的考察虽然有其存在的意义和价值，但无法为法律内容的实质改进提供有效指导。尤其在评估中欠缺一套具体可量化的评估指标，也影响到了评估结果的精确性与客观性。因此，立法评估的重点不应再仅仅局限于法律体系内部的问题，而要通过考察外部影响后果来重构指标体系的框架。换言之，就是通过设置一套科学、合理、可操作性的影响评估指标，去衡量和判断法律实施所带来的具体影响后果，测算相关的成本与收益，使评估结果更为真实、准确与客观。

与此同时，以美国、加拿大和欧盟为代表的发达国家，立法机关制定出台专门规范性文件，如美国的《规制计划与审查》、欧盟的《更好监管指南》等，开展立法的成本收益分析。在评估过程中，它们密切关注法律法规对经济、社会和环境产生的影响，并从这三方面出发，设计了一套有效指标体系进行测度。此外，美国、欧盟等国家的政府和研究机构还借助数学、计量学、统计学、计算机科学等多学科的工具和知识，在实践中开发出许多预测和评估模型，包括大量的经济、社会和环境变量。这些科学方法的应用进一步保障了法律的科学性，使政府监管措施与市场经济发展有机结合，促进企业创新和生产力发展，更好地促进了经济发展。

习近平总书记在2014年党的十八届四中全会审议通过的《中共中央关于全面推进依法治国若干重大问题的决定》中明确提出："发挥立法的引领和推动作用，抓住提高立法质量这个关键[①]。"作为推进科学立法的重要举措，法律规制影响评估指标体系通过科学测度，有助于健全和完善法律规范制度体系，提升法律法规实施的效果。它将法律法规产生的影响后果予以指数化的塑造，以期准确揭示法律法规对经济、社会发展的效用。具体来看，法律规制影响评估指标体系的研究意义表现在以下几个方面。

第一，在理论层面，有助于丰富和完善我国的立法评估理论。我国

[①] 《中共中央关于全面推进依法治国若干重大问题的决定》，人民出版社2014年版，第8页。

传统的立法学研究过于关注立法过程、立法制度、立法技术等的研究，对立法前以及立法后缺少关注，尤其对法律实施影响后果缺少关注。通过对其研究，有助于拓宽传统立法学研究的视域，进一步推进立法学科理论体系建设。

第二，从实践层面，有助于为立法机关提供科学的理论指引，改进我国的立法评估工作，提高立法评估的规范性、准确性与客观性。尤其是通过有针对性评估法律法规实施具体影响后果，避免法律评估过程中的盲目性、随意性，为法律法规制定与完善提供客观依据，进而改进立法质量，实现科学立法目标。

二 国内外研究现状

(一) 国内研究现状

由于法律规制影响评估指标的新颖性及其理论研究的跨学科性，国内学界对于该问题的直接研究成果较少。但与该课题有关的社会影响评价指标、法律的经济影响评估、法律的环境影响评估、战略环境影响评价指标的理论成果则相对较多，然而它们分析展开的视角各不相同。

目前，国内对法律规制影响评估指标进行研究的学者主要有席涛、孙晓东、贵斌威、梅黎明、郭一帆等。他们一致认为，法律规制影响评估对于当前提升立法质量有十分重要的作用，法律规制影响评估指标应具体考察法律的经济、社会和环境影响等内容，从而实现法律与经济、社会和环境的协调发展。但是对于评估指标的具体称谓，各个学者之间没有形成共识。其中，席涛、孙晓东把法律规制影响评估指标表述为立法评估指标，即法律规制影响评估指标是立法评估指标主要内容。汪劲则根据评估内容的特点，把法律规制影响评估指标表述为地方立法的可持续发展评估指标。梅黎明将法律规制影响评估指标的内容纳入规制影响评估指标体系。仅有贵斌威、郭一帆等提出建立专门的法律规制影响评估指标体系。虽然法律规制影响评估指标属于立法评估指标的重要组成部分，但鉴于该问题的重要性和特殊性，我们有必要将其单独拿出来予以分析，认真对待。

具体来看，贵斌威总结当前西方发达国家法律规制影响评估的经验，提出我国应在具体借鉴欧盟法律规制影响评估模式的基础上，构建法律规制影响评估框架，内容包括评估方法和可测的指标体系（经济、社会、环境影响指标）。①

郭一帆认为立法规制影响评估指标主要包括立法成本指标、立法效果指标等。② 席涛认为立法评估主要分析和评价法律法规对经济、社会和环境的实际影响，并设计了法律法规对经济和社会影响的评估指标。社会影响指标包括社会公正、社会保障等，经济影响指标包括经济增长、个人影响、政府影响、市场秩序等。同时每项指标都对应列举了可操作性目标，从而保障指标的可适用性。③ 孙晓东则构建了我国立法后评估的一般指标体系，它由法律法规自身的维度指标、法律法规的环境影响维度指标、法规的社会影响维度指标和法律法规的环境影响维度指标组成。④ 这些具体的法律影响维度指标同样也属于法律规制影响评估指标体系研究的范畴。而汪劲在地方立法的可持续发展评估中，从立法与社会可持续发展的视角，提出地方性法规在制订前需要进行可持续发展评估。并在文中具体构建了一套涵盖经济、社会和环境领域的评估指标体系，包括19个准则层在内的60多个具体的指标，并以北京市地方立法为例进行具体检验和测评。⑤ 梅黎明等从中国

---

① 贵斌威：《立法影响评估：框架与指标体系》，《现代经济信息》2014年第20期。
② 郭一凡：《我国立法影响评估制度建设研究》，《人大研究》2020年第6期。
③ 席涛：《立法评估：评估什么和如何评估（上）——以中国立法评估为例》，《政法论坛》2012年第5期。
④ 孙晓东：《立法后评估的一般指标体系分析》，《上海交通大学学报》（哲学社会科学版）2012年第5期。
⑤ 汪劲：《地方立法的可持续发展评估：原则、制度与方法——以北京市地方立法评估制度的构建为中心》，北京大学出版社2006年版，第169页。

规制政策的影响评价研究中，运用经济学的分析方法，具体讨论了市场规制政策的影响评价指标，将规制政策产生的影响分为经济影响、社会影响和环境影响三部分。经济影响通过"总量、行业、就业等指标"考察，社会影响由"稳定、公平和舆论等指标"评估，环境影响则依据"气态、液态、固态等指标"测量。[①] 通过以上论述，我们发现，国内学者对于法律规制影响评估指标的构建主要借鉴欧盟的影响评估指标经验，从可持续性发展的视角出发，提出适合我国实际的法律规制影响评估指标体系。但是在指标体系研究过程中，对于指标体系包括的具体内容及其操作程序，学者们没有给出详细的说明。另外，关于指标设置的依据、如何对指标进行量化，学者们也没有形成统一的意见，还有待进一步地研究。而这些问题的厘清是保证法律规制影响评估指标能够发挥实际效用的前提和基础。

社会影响评价是社会学研究的一个重点领域，它主要通过对政策、措施或项目产生的社会影响作出衡量和评价，避免产生不利影响，从而减少社会问题发生。目前，我国对于该方面的研究仍处于起步阶段，代表学者有李强、王朝刚、石东坡等。他们都密切关注外部的政策、计划和项目等对社会发展带来的各种影响，并通过设置指标作为评价标准和依据，考察受外部影响的社会效果。李强、王朝纲等人主要从社会学视角，分析各类项目、计划的社会影响；石东坡则借助社会影响评价理论和方法，考察法律及行政决策中产生的社会影响。李强等人在结合我国国情的基础上，提出一套比较全面的社会影响评价指标体系，包括人口和迁移、劳动与就业、社会设施与社会服务等内容。[②] 王朝纲、李开孟总结了评估投资项目社会影响的三项指标："对项目利益相关者的评价、对项目地区人口生产活动社会组织的评价、对项目文化可接受性及其预

---

① 梅黎明等：《中国规制政策的影响评价研究》，中国发展出版社2014年版，第237页。
② 李强、史玲玲、叶鹏飞等：《探索适合中国国情的社会影响评价指标体系》，《河北学刊》2010年第1期。

期受益者需求的一致性评价等。"① 胡戎恩、石东坡则认为，当前立法过程应运用社会影响评价的技术和方法，增强法律修改的科学性、预见性、逻辑性和针对性。② 石东坡、鲁丽丽具体分析海洋产业审批项目中的社会影响问题时，指出相关部门应将海洋人口、海洋生活和海洋文化三个层面要素作为评估海洋项目的社会影响指标，来观察重大海洋项目的社会影响效果。③ 陈君帜、叶菁等人构建国家公园社会影响评价指标体系，并对秦岭国家公园设立的社会影响、经济影响、风险等进行评价。④ 以上内容描述对于我们开展法律的社会影响评估具有重要的借鉴意义。整体来看，当下我国的社会影响评价指标较多地适用在具体项目上（如建设项目、投资项目等），对法律制度缺少有针对性的社会影响评估。

法律的经济影响评估主要探寻法律对经济的影响，也就是法律制度与经济增长的关系。目前，国内对于该问题的研究主要有两种路径，一是经济学家从制度经济学的视角来论证制度，尤其是法律制度对经济增长的促进作用，代表学者包括林毅夫、张宇燕、盛洪等。林毅夫分析测算了制度因素在我国农业发展中所起的重要作用，指出一个社会的制度和技术变迁，实际上就是经济发展的过程。⑤ 张宇燕通过对制度范畴、制度的起源与演进功能的深入分析，提出由各种规则和习惯组成的制度

---

① 王朝纲、李开孟：《投资项目社会评价专题讲座（六）——第三讲 社会评价的范围和内容》，《中国工程咨询》2004年第6期。
② 胡戎恩、石东坡：《立法进程社会评价机制的建立与完善——以〈人口和计划生育法〉缺失为例》，《甘肃政法学院学报》2013年第5期。
③ 石东坡、鲁丽丽：《重大海洋产业项目审批中的社会影响评价初探》，《浙江工业大学学报》（社会科学版）2013年第4期。
④ 陈君帜、叶菁、刘涛等：《国家公园社会影响体系构建与评价——以秦岭国家公园为例》，《中国园林》2022年第4期。
⑤ 林毅夫：《制度、技术与中国农业发展》，上海三联书店、世纪出版集团、上海人民出版社2005年版，第5—6页。

是导致国家兴衰的关键因素。① 盛洪结合我国的实际发展状况，指出清晰的产权和自由的交易规则是改革开放经济高速增长的制度基础。② 二是法学学者从法律自身功能视角分析法律对经济增长的保护作用，比较有代表性的学者是郁光华、李玉虎、许可。郁光华认为法律功能的差异，导致了各个国家政治经济情况不同，通常是法律界定了国家或政府对经济发展的作用，合同履行和财产保护方面的法律对中国的经济发展起到重要的作用。③ 李玉虎通过论述法律与发展采用的新制度经济学和法律经济学理论基础研究方法，并列举国内外的市场经济发展实例，从而进一步强调法律在推动经济社会发展中的重要角色。④ 许可则认为创新是经济发展的直接动力，而对创新保护的法律制度，则为中国未来的进步和可持续发展提供了必备的条件。⑤ 周林彬、王睿总结了改革开放以来法律与经济发展的经验，并提出了法治化营商环境建设的理论基础等新问题。⑥ 通过以上阐述，我们可知，虽然经济学者和法学者研究的切入点不同，但他们都借鉴制度经济学的原理和方法来说明健全的法律制度是影响经济发展最为重要的因素。然而对于法律产生的经济影响内容，尤其是法律的经济影响评估指标，法学界目前没有做专门的研究，这也是本书所要重点讨论的问题。当然，在构建的过程中，我们可以适当借鉴经济学的经济发展指标作为参考。

法律的环境影响评估主要评价法律的制定和实施对自然环境产生的各种影响。对该问题展开专门研究的学者，有蔡守秋、孙晓东、朱源等。

---

① 张宇燕：《经济发展与制度选择：对制度的经济分析》，中国人民大学出版社1992年版，第17—19页。
② 盛洪：《"中国奇迹"的制度经济学分析》，《经济经纬》2011年第4期。
③ 郁光华：《经济增长与正式法律体系的作用》，《中外法学》2011年第1期。
④ 李玉虎：《新法律与发展研究现状及其趋势》，《学术界》2011年第11期。
⑤ 许可：《法律与国家繁荣——读〈所罗门之结：法律能为战胜贫困做些什么〉》，《政法论坛》2014年第4期。
⑥ 周林彬、王睿《法律与经济发展"中国经验"的再思考》，《中山大学学报》（社会科学版）2018年第6期。

其中，蔡守秋从决策层面上指出对环境影响进行评价的重要性。孙晓东、朱源则提出将立法评估和环境影响评价机制有机结合，并设计了相应的环境影响指标。这些成果也为我们具体开展法律的环境影响评估指标构建提供了可行思路和理论基础。具体来看，蔡守秋从健全环境影响评价制度的视角，指出当前我国应将重大决策、政策以及各种立法活动列入环境影响评价的对象。① 孙晓东则在总结和比较美国及欧盟的立法环境影响评估经验后，指出我国的立法评估应将环境问题作为一项重要的考察内容。同时他在借鉴欧盟经验的基础上，设计了一套适合我国的评估指标体系，具体包括对大气的影响、对水资源的影响、对土壤资源的影响等指标。② 朱源从环境科学的角度，强调对立法环境影响的评价应属于环境影响评价最高层，当前我国的环境影响评价没有将法律纳入评估范围，致使环评对象仅局限于工程项目和政府的计划、规划。因而我国应根据自身的情况，尽快确认法律的环境影响评价地位，建立环境影响评价和立法评估的联动机制，保障法律规范的科学性。③

另外，战略环境影响评价制度也与法律的环境影响评估密切相关，战略环境影响评价的相关理论成果对于我们构建法律影响评估指标体系同样具有重要的借鉴意义。战略环境影响评价是指对法律、政策、计划和规划等决策层产生的环境影响进行评估。目前，国内对于战略环评指标体系开展研究的学者包括王达梅、李爱年、李巍、赵文晋、毛显强等。他们都设计了相对完善的环评指标体系。但由于缺少统一标准，所提出的指标内容范围不完全一致。王达梅、李爱年、李巍等将评估指标区分为经济、社会、环境影响指标，毛显强等则将战略环评指标的内容主要界定为自然环境影响指标。我们认为战略环评有广义和狭义之分，广义

---

① 蔡守秋：《论健全环境影响评价法律制度的几个问题》，《环境污染与防治》2009年第12期。

② 参见孙晓东《立法的环境影响评估分析》，《华东理工大学学报》（社会科学版）2015年第2期。

③ 朱源：《立法环境评价的实践与开展建议》，《环境科技》2014年第2期。

的战略环评包括经济环境、社会环境和自然环境的影响评价；狭义的战略环评仅包括自然、生态环境的影响评价，这里我们主要探讨狭义的战略环评。

王达梅在分析公共政策环境影响评估程序、评估等级等内容的基础上，指出公共政策具有宏观性和指导性，它们没有明确和具体的影响评估范围。① 李爱年、胡春冬在比较中美战略环境影响评价制度的基础上，认为我国战略环境影响评价指标体系主要由环境指标、经济指标、社会指标、资源指标等构成。② 李巍、杨志峰提出了重大经济政策的环境影响评价指标，包括常规环境影响的评价子指标体系、与可持续性相关的环境影响的评价子指标体系、社会—经济影响评价子指标体系。③ 包存宽等具体区分了战略环境评价指标的类型，确立 8 项指标筛选标准，并设计了我国能源战略环评指标，包括大气、海洋、水资源等 22 个评价指标。④ 毛显强等经过实证分析则指出，战略环评中政策、项目和规划的环境评估侧重点各不相同，政策的环境影响评估重点考察水污染、大气污染、固废变化、气候变化、生物变化以及其他的生态环境影响。⑤ 由此可知，战略环评的考察范围较广，包括经济、社会和环境构成的复合系统；但它更多侧重自然环境及其资源的影响评价，包括大气环境、水环境、土壤资源、矿物资源以及生态资源等。

战略环境影响评价指标通常以定性或定量方式来衡量具体的影响。例如，李菁等学者专门列举了战略环境影响的综合评价方法，包括定性

---

① 王达梅：《公共政策环境影响评估制度研究》，《兰州大学学报》（社会科学版）2007 年第 5 期。
② 李爱年、胡春冬：《中美战略环境影响评价制度的比较研究》，《时代法学》2004 年第 1 期。
③ 李巍、杨志峰：《重大经济政策环境影响评价初探——中国汽车产业政策环境影响评价》，《中国环境科学》2000 年第 2 期。
④ 包存宽、尚金城、陆雍森：《战略环境评价指标体系建立及实证研究》，《上海环境科学》2001 年第 3 期。
⑤ 毛显强、宋鹏：《探路中国政策环境影响评价：贸易政策领域先行实践》，《环境保护》2014 年第 1 期。

分析法、定量分析法、费用效益法、加权比较法等。① 吴玉萍等则根据贸易政策环境影响评价的研究，认为贸易政策环境影响评价是一个复杂系统的评价。"从分析思路看，贸易政策环境影响评价的主要方法有行为方案—影响矩阵分析法、情景分析法、指标综合分析法等；从是否定量化角度看，包括定性和定量分析法"②。这些评估方法也为我们开展法律影响评估指标的测量提供了可行思路。

(二) 国外研究现状

当前，国外对法律规制影响评估指标的讨论包括两方面：一是直接研究法律规制影响评估指标的构成；二是通过分别探究相关的经济、社会和环境影响评估内容，涉及具体的法律规制影响评估指标问题。包括社会影响评价指标、战略环境影响评价指标等。

第一，专门研究法律规制影响评估指标，学者们主要基于当前国外的两种实际评估类型展开讨论：一是以美国、加拿大为代表的立法成本收益评估指标体系，二是以欧盟为代表的法律规制影响评估指标体系。

具体来看，关于立法成本收益评估指标。当前学界以哈恩、桑斯坦为代表的学者认为成本收益分析正成为制定立法决策的重要工具，尤其是对法律政策的影响评估发挥了巨大作用。③ Murray L. Weidenbaum 回顾了美国从尼克松总统确立的"生活品质评价"到克林顿总统颁布12886号行政命令的规制影响评估历程，指出对经济、社会的影响评价确保规

---

① 李菁、马蔚纯、余琦：《战略环境评价的方法体系探讨》，《上海环境科学》2003年第S2期。

② 吴玉萍、胡涛、毛显强等：《贸易政策环境影响评价方法论初探》，《环境与可持续发展》2011年第3期。

③ Robert W. Hahn and Cass R. Sunstein, A New Executive Order for Improving Federal regulation? Deeper and Wider Cost-Benefit Analysis, *University of Pennsylvania Law Review*, Vol. 150, No. 5, 2002, p. 1489.

制有效的前提和基础。① Kevin Whitney 则认为美国立法成本收益分析制度实则滥觞于里根总统时期。从 12291 号行政命令开始正式要求行政机关对重要的立法行为进行影响评估，描述行政法规可预期的成本和收益，排除不合理的规制行为。这都表明政府立法决策思维发生了根本转变。② 12866 号行政命令规定的立法收益指标：促进经济和私人市场的有效运行，增进健康和安全，保护自然资源，消除减少歧视或偏见等。立法成本指标：直接成本和间接成本，直接成本即政府的执法成本。加拿大的立法成本收益指标规定在《加拿大规制成本效益分析指南》中③，它对立法经济、社会、环境影响的成本和收益进行了全面系统的分析。其中，立法成本指标分为直接成本和间接成本；立法收益指标分为市场的经济效益、社会安全和环境收益。另外，在指标的量化方法上，桑斯坦指出，行政法规应进行全面的成本收益分析，成本和收益要尽可能进行货币化的换算，比如生命的价值要换算为公认的一定的货币数额。④ Luis Guasch 和 Robert Hahn 在《立法成本收益分析对发展中国家启示》一文中，具体介绍了有关立法成本和收益货币化量化的方法。其中，对立法成本的估算包括数量经济法、支出估算法、工程学方法、生产率研究方法和一般均衡模型方法。立法收益估算的方法则包括估计人们对规制标准变动所愿意支付量和观察人们对此种质量变动的个体实际支付数量两种，即以支付意愿为基础的收益测算方式。⑤

关于法律规制影响评估指标。欧盟的法律规制影响评估指标主要适

---

① Murray L. Weidenbaum, *Regulatory process reform: from Ford to Clinton*, Regulation, Vol. 20, No. 1, 1997, p. 22.

② Kevin Whitney, *Capitalizing on a Congressional Void: Executive Order NO. 12291*, Vol. 31, No. 3, 1982, pp. 614 – 615.

③ Treasury Board of Canada Secretariat, *Canadian's Cost - Benefit Analysis Guide for Regulatory Proposals*, 2022.

④ Cass R. Sunstein, *The Cost-Benefit State: The future of Regulatory Protection*, Chicago: American Bar Association, 2002, p. 20.

⑤ Luis Guasch and Robert Hahn, The Costs and Benefits of Regulation: Implication for Developing Countries, *The World Bank Observer*, Vol. 14, No. 1, 1999, pp. 141 – 143.

用于法律法规制定前的评估,它具体包括三部分:经济影响指标、社会影响指标、环境影响指标。[①] 通过比较经济、社会和环境所承受的法律影响差异,阐明立法对竞争、投资贸易等的影响效度,从而为欧盟委员会提供可行的政策和立法建议。Norman Lee 和 Colin Kirkpatric 就认为欧盟法律影响评估指标体系是一个综合的评价体系。它将先前几个独立的评估系统,如商业评估、性别评估、环境评估、中小企业评估以及贸易影响评估等予以汇总,从而形成完整的评估指标体系。同时对主要的立法提案进行影响评估审查,有效改善了规制监管环境,与实现持续发展战略保持一致。[②] 欧盟政策研究中心高级研究员 Andrea Renda 也认为在立法过程中,欧盟的影响评估指标比美国的立法成本收益模式更为有效和完整。它将规制影响评估理论、可持续发展理论和其他的政策前评估理论紧密地结合在一起,使评估的内容和对象更全面和系统,从而推动立法效果与社会的发展相适应。[③]

第二,与法律规制影响评估有关的经济、社会和环境影响评价内容。具体包括社会影响评价、法律的经济影响评估以及战略环境影响评价等。首先,社会影响评价。社会影响评价主要对政策、规划、建设项目产生的社会影响实施评价。目前,社会影响评价已形成了比较完整的评价体系和框架[④],国际影响评价协会、世界银行、亚洲开发银行、国际粮农组织等国际机构纷纷开展对社会影响评价的研究,并出台相应指南。但由于评估对象的多样性,实践中政策、规划和项目的社会影响范围并不

[①] 席涛等译:《立法评估:评估什么和如何评估——美国、欧盟和 OECD 法律法规和指引》,中国政法大学出版社 2011 年版,第 105—112 页。

[②] Norman Lee and Colin Kirkpatrick, "Evidence-based policy-making in Europe: an evaluation of European Commission integrated impact assessments", in International Association for Impact Assessment, *Impact Assessment and Project Appraisal*, UK: Taylor and Francis Group, 2006, p. 24.

[③] Andrea Renda, *Impact Assessment in the EU: the State of the Art and the Art of the State*, Center for European Policy Studies, 2006, p. 57.

[④] Ana Maria Esteves, Daniels Franks, Frank Vanclay, "Social Impact Assessment: The state of the Art", in International Association for Impact Assessment, *Impact Assessment and Project Appraisal*, UK: Beech Tree Publishing, 2012, pp. 34 – 35.

完全相同,因此,社会影响评价指标存在多种提法。

荷兰社会学家 Henk Becker 先指出社会影响评价的意义就在于对明确行动方案对个人、组织和社会宏观系统产生的影响,从而为政策方案的合理设计提供具体导向和指引。① 荷兰格罗宁根大学 Frank Vanclay 教授也认为社会影响评价的目标是在决策制定过程中,实现成本最小,效益最大化,使立法者能够作出更好的立法决定。② Vanclay 对社会影响评价的内容进行了细致的描述,列出的条目有 17 项之多。③ Taylor 等认为社会影响评价主要考察人口变化、生活方式、态度信仰和价值、社会组织。④ Burdge 提出人口影响、社区与制度安排、变迁中的社区、对家庭生活水平的影响和社区基础设施的需求等 5 类指标。⑤ 社会影响评价指导原则跨组织委员会详细列出了包括人口特征、社区与制度结构、政治和社会资本、个体和家庭变迁、社区资源在内的 5 大类社会影响评价指标体系。⑥ 以上社会影响评价指标的内容均是以人为中心,人既是发展的主体,又是发展的受益者,并辐射到人们周围的社区制度、家庭生活和经济文化建设等。无论是工程、项目,还是政策、计划,它们实施都是为了获得受影响区域的人们对环境变化的理解与认同,因而让公众参与到社会影响评价过程中,从而使决策提供有质量的信息,避免各种不利的影响后果。

其次,法律的经济影响评估。它主要借助新制度经济学和经济分析

---

① Henk Becker, social impact assessment, *European Journal of Operational Research*, Vol. 128, No. 2, 2001, p. 311.

② Frank Vanclay, "conceptual and methodological advances in social impact assessment", in Henk Becker, Frank Vanclay, *The International Handbook of Social Impact Assessment*, UK: Edward Elgar Publishing, 2003, p. 1.

③ Frank Vanclay, Conceptualising Social Impacts, *Environmental Impact Assessment Review*, Vol. 22, No. 3, 2002, pp. 200 – 208.

④ Nicholas Taylor, Hobson Bryan, Golin G. Goodrich, *Social Assessment: Theory, Process and Techniques*, New Zealand: Lincoln University, Center for Resource Management, 1990.

⑤ [美] 拉贝尔·J. 伯基:《社会影响评价的概念、过程和方法》,杨云枫译,中国环境出版社 2011 年版,第 32 页。

⑥ Interorganizational Committee on Guidelines and Principles for Social Impact Assessment, *Guidelines and Principles for Social Impact Assessment*, 1994.

法学的理论知识，探讨法律对经济增长的影响。马克斯·韦伯认为理性法律不可或缺，它是保障资本主义企业发展的前提和基础。① 诺斯从历史发展的角度阐述了制度对经济增长的重要性，指出第三世界国家在历史上经济停滞不前的主要原因是没有一套高效、完整的合同履行机制。② 波斯纳进一步强调法律经济影响分析的重要性，对包括财产法、合同法在内所有类型的法律实施成本收益分析，能够准确揭示出法律运行的经济基础和功能。③ Daron Acemoglu 和 James A. Robinson 通过列举和比较发达国家和发展国家的经济发展差异，指出国家成功的必要条件是包容性制度，即正确的法律和政策策略。④ 罗伯特·库特等认为法律是国家兴衰的关键，经济发展需要技术和产品的创新，而完善的法律体系为创新者和投资者之间提供可靠的保障，让他们共同创造财富。⑤ Larry 充分论证了法律政策进行经济财政影响评估的重要性，阐述了包括商业活动、个人收入在内的具体经济影响表现，指出合理有效的经济影响分析，能够使政府决策过程更为科学和高效，从而实现产业积极健康的发展。⑥ 由此可见，国外学者对于法律的经济增长作用，通过不同层次的分析，已经达成了共识，同时也尝试探讨了法律实施影响下具体经济的表现，这对于我们开展法律的经济评估有重要的借鉴意义。但有关具体的法律经济影响评估指标，学者们目前仍缺少专门研究。

---

① Max Weber, *Economy and Society*, Berkeley, California: University of California Press, 1978, p. 882.

② Douglass North, *Institutions, Institutional Change and Economic Performance*, NewYork: Cambridge University Press, 1990, p. 54.

③ [美] 理查德·波斯纳：《法律的经济分析（第七版）》，蒋兆康译，法律出版社2012年版，第41—51页。

④ Daron Acemoglu, James A. Robinson, *Why Nations Fail- The Origins of Power, prosperity and poverty*, New York: Crown Publishing Group, 2012, pp. 13 – 17.

⑤ [美] 罗伯特·库特、[德] 汉斯伯恩特·谢弗：《所罗门之结：法律能为战胜贫困做什么?》，张巍、许可译，北京大学出版社2014年版。

⑥ F. Larry Leistritz, "Economic and Fiscal Impact Assessment", *Impact Assessment*, Vol. 12, 1994, p. 312.

导 论

 国外关于战略环评的研究。战略的范畴包括法律、政策、计划和规划等四个不同层次,其中政策是战略的核心和主要的表现形式,法律则以政策为内核,是政策的定型化和具体化。战略环境影响评价作为一个完整的概念率先由英国的 Lee 和 Walsh 提出,它是用来描述项目批准之前,对与其有关的政策、计划和程序所实施的环境评价。[1] 同时期在国际上有多种术语与战略环评相应,如政策环境影响评价、规划环境影响评价、区域环境影响评价等。[2] 随后,Therivel 等在《战略环境影响评价》中,正式提出战略环评的定义,认为战略环境影响评价是环境影响评价在政策、计划和规划层次上的应用。[3] 至此,环境影响评价正式进入法律、政策层面。Robert Cerny 和 William Sheate 认为,通过环境影响评价,决策者能够权衡社会、经济和环境影响在决策中所占的比重,避免决策疏忽产生的环境问题。[4] Simon Marsden 指出战略环境影响评价侧重战略对环境的累积影响,包括时间和空间范围内的综合影响。[5] Miedzinski 则讨论了创新政策的环境影响评估方法,提出制定专门的评估指南,将气候变化、土地利用状况等因素作为政策环境评估的考察内容。[6] 另外,政府官方也颁布大量的规范文件关注立法政策带来的环境影响效果。例如1999 年,北美环境委员会专门评估了北美自由贸易政策实施的环境影响,通过对空气、水资源、土地等有关因素的分析,建立了一个

---

[1] Lee N., Walsh F., "Strategic Environmental Assessment: an Overiew", *Project Appraisal*, Vol. 7, No. 3, 1992, p. 126.

[2] 薛雄志、斉涛、洪华生:《战略环境评价的国际研究动向》,《上海环境科学》2004 年第 2 期。

[3] Riki Therivel, Elizabeth Wilson, Stewart Thompson, *Strategic Environmental Assessment*, London: Earthscan publication, 1992, p. 19.

[4] Robert Cerny, William Sheate, "Strategic Environmental Assessment: Amending the EA Directive", *Environmental Policy and Law*, Vol. 22, No. 3, 1992, pp. 154 – 155.

[5] Simon Marsden, "A Critique of Australian Environmental Law Reform for Strategic Environmental Assessment", *The University of Tasmania Law Review*, Vol. 32, No. 2, 1992, p. 277.

[6] Miedzinski, *Assessing Environmental Impacts of Research and Innovation Policy*, Study for the European Commission, Directorate-General for Research and Innovation, Brussels, 2013, pp. 5 – 7.

相对完整的环境评估框架。① 2010年，加拿大的枢密院办公室和环境评价署联合发布了《政策、规划和计划草案的环境评价内阁指令》和《执行内阁指令的导则》②，对于实施将导致显著环境影响（包括正面和负面）的政策草案需要进行环境评价。通过以上描述，我们可以发现环境影响评价的适用经历了从项目、规划到政策、法律的演变过程。当前的战略环评主要用于法律、政策、决策的评估，注重对生态环境的保护，以实现立法策略与自然资源的和谐发展为目标。

综上所述，当前国内外关于法律规制影响评估指标的研究，借助了社会学、经济学、环境学等多学科的知识，分别通过社会影响评价指标、经济影响评估指标和战略环境影响评价指标的构建来体现。但是研究的过程中，缺少对三部分指标整合、形成系统体系的讨论，也没有详细论述指标设置的具体依据。而评估实践需要有一套体系化、完整化的指标工具。这也是本书所重点关注的地方，通过探究评估指标的相关理论，科学设计指标，厘清法律与社会、经济和环境之间的关系，为指标体系的合理构建提供必要的理论基础和前提，从而有助于实现科学有效的法律评估。

三　研究方法

1. 跨学科的研究方法：法律规制影响评估指标体系的建构涉及多学科的知识。首先，法律规制影响评估指标的内容分为经济影响评估指标、社会影响评估指标和环境影响评估指标，指标选取过程需要结合社会学、经济学和环境科学的理论进行分析和判断。其次，法律规制影响评估指

---

① Commission for Environmental Cooperation, *Analytic Framework for Assessing the Environmental Effects of the North America Free Trade Agreement*, 1999.
② Privy Council Office and the Canadian Environmental Assessment Agency, *Guidelines for Implementing the Cabinet Directive on the Environmental Assessment of Policy, Plan and program Proposals*, 2010.

标在实际操作过程中还会涉及统计学、计量学、管理学等学科的知识，如数据收集、指标量化等环节，都离不开计量学、统计学等理论和技术的支撑。

2. 历史分析与比较分析的研究方法：本书专门介绍了以美国、加拿大、欧盟为代表的发达国家法律规制影响评估指标体系，并梳理了法律规制影响评估的发展进程。美国、加拿大、欧盟的法律规制影响评估已经有很多年的历史，并在不断改进的过程中表现出不同特点和多重路径。本书通过系统比较以上国家的评估指标体系，总结归纳出各自的优劣，从而为我国法律规制影响评估指标体系的构建提供有益启示。

3. 规范分析与实证分析的研究方法：一方面，本书以规范分析为依据，旨在通过法理研究和相关理论探讨来明确法律规制影响评估指标体系所应包含的指标要素和达到的标准。另一方面，本书通过具体的实证研究，分析评估指标的可操作性和有效性，考察指标对评估的影响是否客观，检验了评估指标在实际应用中的效果。

4. 社会调研的方法：本书通过对我国某市《供水管理规定》和 Q 市《养犬管理条例》的实证评估，有效验证了指标体系的可行性。在《供水管理规定》具体评估的过程中，我们专门设计了以居民和单位为对象的调查问卷，科学列举相关问题，并予全面发放，保障评估结果的真实和客观。

5. 定量分析与定性分析的方法：法律规制影响评估指标包括定性指标和定量指标。在评估中，我们以指标的量化为目标，主张将所有指标尽可能量化，以实现评估结果的精确性。但某些指标由于自身的属性，无法将其全部量化，只能采取定性的分析方法。因而，本书采用定量与定性结合的方法，以定量分析为主，定性分析为辅。

四　研究思路与框架

本书的研究思路，首先界定了法律规制影响评估的概念以及指标体系的相关理论，随后考察和分析国外法律规制影响评估指标体系的实施状况，特别是以美国、加拿大、欧盟为代表的法律影响评估。通过比较，我们发现欧盟的法律规制影响评估指标体系模式更适合我国的立法需求。由此，我国的法律规制影响评估指标体系应以欧盟的指标为模板并结合我国实际进行构建，具体包括法律的经济影响评估指标、社会影响评估指标、环境影响评估指标。在以上指标内容的基础上，我们紧接着又详细介绍指标体系的操作流程，包括权重设置、数据收集、指标的测量与计算方法等，从而保障指标体系的可操作性。最后，我们选取两部具体的法规，作为法律规制影响评估指标体系实证应用的个案分析，进一步检验了评估指标的实用价值。具体来看，全书共分为九章。

导论部分首先提出了本书的研究背景及意义、国内外研究现状综述、研究方法、研究思路与框架以及创新之处和可能的不足。

第一章阐述了法律规制影响评估指标体系构建的理论基础，从法律规制影响评估的定义、指标体系的界定、指标体系的功能等方面系统介绍法律规制影响评估指标体系的基础理论。第一部分首先明确什么是法律规制影响评估，从评估的由来到实施的必要性、可行性等角度详细论述了法律规制影响评估的理论概念和实践价值，从而为法律规制影响评估指标体系的合理构建提供科学的理论基础和依据。第二部分围绕法律规制影响评估指标体系的构成要素进行一般性的说明，从基本的指标要素到关联的指标整合再到宏观的指标体系框架，层层推进，力图描绘出指标体系合理的构建路径，也为下文法律社会影响评估指标、经济影响评估指标、环境影响评估指标的具体构建做好准备和铺垫。第三、第四部分的内容是对以上基础理论的继续补充和完善，一方面，通过合法性、合理性、可行性、系统优化的论述明确法律规制影响评估指标体系的构建原则；另一方面，从适用的时限、地域和法域三个层面来说明法律规制影响评估指标体系的特点，保障指标体系操作的科学性和规范性，实现评估结果的准确性。第五部分则根据以上的描述内容和特征，总结、概括出法律规制影响评估指标体系的价值功能，如保证立法科学、测度法治水平，提升国家治理的现代化等，进一步表明指标体系构建的重要意义与价值。

第二章、第三章主要在考察和借鉴域外指标体系的基础上，提出我国法律规制影响评估指标体系构建的基本思路。首先在总结域外评估经验的基础上，我们将法律规制影响评估指标体系的类型区分为两种：以美国、加拿大为代表的立法成本收益评估指标体系模式和以欧盟为代表的法律规制影响评估指标体系模式。然后具体从法律规制影响评估的历程、评估指标的内容、评估指标量化的方法等方面，对这两类指标体系做了详细的介绍与描述。通过分析，我们发现两种模式在评估中各有所长，它们都能够较好地完成立法成本收益分析要求。但相比较而言，欧盟的指标体系模式，评估的维度更全面，评估的方式更灵活，评估的结果更准确，也更适合我国的实际状况。因此，我国应借鉴欧盟指标模式的经验，依据法律法规产生的不同面向，将法律实施产生的影响具体分为三个方面：经济影响、社会影响和环境影响，并把它们作为一级指标。同时，指标体系的设计也要立足我国本土化的要求，在每部分具体指标的内容上，包括二级指标和三级指标，要结合我国实际，尽量反映国内现实问题，从而有效测度我国法律法规实施产生的影响后果。在此基础上，我们正式提出了我国法律规制影响评估指标体系的主要内容，包括法律的社会影响评估指标、法律的经济影响评估指标和法律的环境影响评估指标。在此基础上，我们进一步阐明了这种结构框架划分的合理性依据，一是满足评估指标技术上追求的模块化，二是服务于我国社会可持续发展的价值目标。

第四、五、六章分别详细阐述了法律的经济影响评估指标、社会影响评估指标和环境影响评估指标。它们作为本书研究的重点章节，也是支撑法律规制影响评估指标体系建构的核心与关键。第四章法律的社会影响评估指标，首先介绍了社会影响评价理论，社会影响评价兴起于欧美，它是对政策、法律以及某些政府行动的社会效果进行预估的行为。

社会影响评价目前已广泛运用于政策事项的规划、管理、监督等各个环节，从而确保政策的理念与社会发展方向保持一致，维护社会的稳定与和谐。因此，社会影响评价内容是开展法律社会影响评估的理论前提和基础，它有助于实现法律与社会相适应。其次，本章阐述了法律社会影响评估的内涵及其必要性。法律的社会影响评估的内涵首先应明确法律的社会影响范围。根据法律的控制属性和社会影响的特点，我们将社会影响的范围主要界定为人口影响、文化影响、道德影响、政治影响等，法律的社会影响类型包括积极影响和消极影响、直接影响和间接影响。由此，法律的社会影响评估重点考察法律法规对以上社会领域所产生的影响效果。因而，法律的社会影响评估指标依据我国社会现状，并结合社会影响评价的理论与方法，选择最具有代表性的社会影响评估指标进行设计。具体来看，法律的社会影响评估指标划分为以下二级指标：社会生活影响指标、社会就业影响指标、公共服务影响指标、社会基本价值影响指标、社会保障影响指标，这些指标也基本能够有效测度法律的社会影响效果。其中，社会生活影响指标又包括居民生活影响指标、家庭生活影响指标、社区建设和服务影响指标。社会就业影响指标包括就业质量影响指标、就业数量影响指标、工作环境影响指标等。公共服务影响指标包括公共文化影响指标、教育水平影响指标、公共安全影响指标、公共卫生影响指标、科技发展影响指标。社会基本价值影响指标包括社会道德水平指标、良好社会风尚指标、公民法治意识指标、公民权利保障指标、社会公平正义指标、个人自由影响指标。社会保障影响指标包括社会保险影响指标、社会福利影响指标、社会救济影响指标、社会安置影响指标、社会互助影响指标。最后，本章指出法律社会影响评估指标的局限性，评估指标并非"万能钥匙"，任何方法与技术都有不足之处。法律的社会影响评估指标就难以做到全部有效的量化，而且列举的指标也不可能涵盖所有的社会影响内容。但瑕不掩瑜，法律的社会影响评估指标有其存在的实践意义和价值。

第五章法律的经济影响评估指标，本章首先以经济增长之谜作为论证的切入点。讨论国家经济增长的根本动力究竟是什么，梳理了包括文化因素、资源因素、制度因素在内的一系列相关学说。通过比较，并结合新制度经济学的相关理论，我们认为制度因素，尤其是健全的法律制度是推动经济增长的最主要因素。所以，对法律的经济影响开展评估是极为重要的，它对于实现经济的稳定和健康发展具有现实意义，从而引出法律经济影响评估指标体系的构建。在该章的第二部分，我们又进一步探讨了不同类型的部门法所产生的经济影响界分，并对其产生的不同经济影响侧重实施有效评估。第三部分阐释法律经济影响评估指标的理论框架，包括指标的内涵、指标的构建思路以及指标的功能，概括出一般意义上的指标构成要件，从而为下面具体指标的内容分析提供必要的理论基础。第四部分是本章的核心内容，对于评估指标的具体内容进行了详细论述。具体来看，法律的经济影响评估指标下设四个二级指标：宏观经济影响指标、市场机制影响指标、企业影响指标、消费者影响指标。宏观经济影响指标具体衡量和评价法律实施对宏观经济运行的效果，包括经济增长的影响、投资资本的影响、国际收支的影响、产业发展的影响、财政税收的影响、货币金融状况的影响等内容。市场机制影响指标主要是指法律规则对市场经济运行产生的效果，包括市场价格的影响、消费者权益的影响、不正当竞争的影响、市场垄断的影响、产品质量的影响等内容。企业影响指标主要衡量法律法规对企业生产经营的影响状况，包括企业设立注销的影响、企业生产的影响、企业经营的影响、企业利润状况的影响。消费者影响指标主要评价法律出台对消费者经济利益的影响，包括收入水平的影响、投资选择的影响和消费水平的影响。

第六章法律的环境影响评估指标，具体建构了测度法律实施对自然环境影响的指标体系。首先，第一部分介绍法律环境影响评估的内涵和实践，回顾环境影响评价发展的历程，将环境影响评价分为传统的环境影响评价（评价对象主要为建设项目）和新兴的环境影响评价（即战略环境影响评价,评价对象主要为计划、政策和法律)。法律环评属于环境影响评价实践的最高层级,法律的环境影响评估实质是战略环境影响评价在立法中的运用和发展,从而明确了法律的环境影响评估与环境影响评价之间的关系。其次,本章在总结国内外的法律环境影响评估理论与实践经验基础上,指出我国应建立法律的环境影响评估机制。该章第二部分主要围绕法律环境影响评估指标的理论框架进行阐释,包括指标的内涵、指标的构建思路以及指标的功能。法律的环境影响评估指标要依据环境影响评价中的要素识别对象进行构建,环评要素包括大气环境影响评价、水环境影响评价、噪声环境影响评价、土壤环境影响评价、生物环境影响评价等。最后,在此基础上,第三部分具体提出了环境影响评估指标的基本内容,法律的环境影响评估指标包括以下二级指标:土壤资源影响指标、大气环境影响指标、水资源影响指标、固体废物影响指标、声环境影响指标、动植物资源影响指标、矿物资源影响指标以及生态保护影响指标,其中大气环境影响指标又可再分为气候影响指标和空气质量影响指标。我们依据这些指标,分析和评价法律法规实施对以上自然环境产生的影响,以期实现立法与生态环境协调发展。此外,环境影响评估指标后,我们单独设置了观测点指标以便直接观察和测度三级指标产生的影响效果,当然观测点也同样存在于社会和经济指标中。

第七章介绍了法律规制影响评估指标体系的运作技术,包括指标的权重设置、指标的数据收集、指标的测量方法以及指标体系的计算工具。第一部分阐述了指标权重设置的相关内容,包括设置的原则和方法,具体介绍了包括主观赋权法和客观赋权法在内的权重设置方法,通过比较,我们认为德尔菲打分的主观赋权法更符合法律影响评估指标的要求。第二部分阐释了指标数据收集的注意事项,包括数据收集的主体和方式。评估指标所需的数据可以通过调查统计、资料文献、专家咨询等方式进行收集。第三部分,我们着重介绍了指标体系的具体评估方法,包含指标的测量、指标信度与效度审查以及成本收益分析方法等具体内容。首先，指标的测量方法包括定性分析和定量分析，对难以量化的定性指标，我们提出通过显示性偏好和陈述性偏好的方法转换量化，最大程度上保证指标的可量化性。其次，为了保障指标之间的关联性和因果关系，我们主张通过 SPSS、AMOS 软件以及相关系数来检验指标数据的有效性，从而保障指标设置的信度与效度。最后，在分析一部完整的法律方案时，需要将所有相关指标予以整合，无论它们是以定性、定量还是货币化方式表示。我们认为，从成本和收益角度比较各种方案，为分析提供有力框架，包括成本收益分析、成本有效性分析、风险分析等，获得有效的评估结果，衡量立法的正当性。

第八章、第九章为附论，主要是对评估指标体系在我国立法中的实证运用分析。结合上文构建的指标理论与技术，对我国某市的《供水管理规定》和 Q 市的《养犬管理条例》进行评估分析，并依据实施状况提出修改与完善建议；同时也检验了法律规制影响评估指标体系的可行性和可操作性。

五　创新之处和可能的不足

（一）创新之处

第一，依据法律的特性和经济、社会、环境发展的需求，选取主要的法律规制影响因素，设计一套适合我国立法实践的法律规制影响评估指标体系。同时本书也积极探索了法律与经济增长、社会发展和环境保护的关系，并将这种关系和影响予以指数化塑造，包括经济影响评估指标、社会影响评估指标、环境影响评估指标。在指标体系的框架中，对上下级指标之间、同级指标之间关系以及每项指标设置的依据都给予详细的说明，使指标体系的设计思路清晰、明确。

第二，吸收和借鉴计量学、统计学、管理学等多学科知识与方法，使指标体系设置与操作具有科学的依据，保证测度结果的准确性。法律规制影响评估是一个动态的运行过程，在实际的评估中，需要大量真实的数据以及不同类型法律的权重比值，通过科学的计算，来反映法律产生的影响与效果。评估指标体系框架正是基于以上需求进行建构和应用，通过借鉴社会调查学、统计学等相关内容设计出了适合法律规制影响评估指标的数据收集方式，包括有效的问卷、访谈、实地调研等。另外，在指标的权重设置上，结合数学、管理学等内容，提出了一套实用性的权重设置方法，根据不同类型的法律，灵活赋予评估指标权重，保障评估结果的准确性和真实性。最后，在指标的量化方法上，法律规制影响评估指标体系借鉴美国、欧盟等立法评估的经验，介绍了包括显示性偏好和陈述性偏好等方法在内的测量工具，对评估指标进行有效测度。

(二) 可能的不足

首先，本书致力于通用的法律规制影响评估指标体系研究，即指标体系可以适用于各种类型的法律法规。但实践中由于法律的特殊性和复杂性，通用性往往适用在一定层面上，难以包括全部的法律。一些法律的影响集中在其中的一方面或两方面，如宪法性的法律法规主要对社会和经济秩序产生影响，社会性的法律法规影响主要体现在社会层面上。此时，评估者要根据具体情况，灵活运用指标体系，可以选择一方面的指标，也可以选择两方面的指标，还可以从三方面指标进行分析。其次，当前国内外对评估指标的理论成果主要体现在指标的应用和操作上，缺少规范化、系统化、整体化的理论研究。本书主要对评估指标的理论及应用开展系统研究，做出一些积极尝试和探索，因而在理论深度上可能会有一些欠缺。最后，本书运用法律规制影响评估指标体系，对某市的《供水管理规定》和Q市的《养犬管理条例》进行实证分析，涉及的数据主要来源于政府权威部门的统计。评估结果准确需要建立在数据可靠性和权威性的基础上，如果政府部门在统计过程中，由于方法和技术的原因，存有误差，致使评估结果略有偏差，这也是本书所难以避免的。

第一章 法律规制影响评估指标体系的理论基础

法律规制影响评估指标体系在前提下必须对法律规制影响评估的相关概念予以厘清及界定,通过对法律规制影响评估的渊源、理论内涵、实施的必要性与可行性等方面进行系统化的研究,形成统一认识。法律规制影响评估指标体系的理论范畴,是法律规制影响评估指标体系建构的前提和基础,也是指标体系评估方法及权重设置等技术准则的理论源泉。

一 法律规则影响评估实施的必要性与可行性

对于法律规制影响评估指标体系的探讨,从研究谱系上应清晰界定法律规制影响评估的基础理论。党的十八届四中全会明确提出,要建设中国特色社会主义法治体系的目标。党的二十大报告再次强调,建设中国特色社会主义法治体系、建设社会主义法治国家。党的二十届三中全会进一步指出"完善中国特色社会主义法治体系"。"法治体系是描述一国法治运行与操作规范化有序化程度,表征法治运行与操作各个环节彼此衔接、结构严整、运转协调状态的概念,也是一个规范法治运行与操作，使之充分体现和有效实现法治核心价值的概念。"① 因而法律规制影响评估的提出在当下具有了更多的时代价值，法律规制影响评估应是法治体系的重要一环。我们尝试从实施的必要性与可行性等方面予以系统化的研究，从而为法律规制影响评估指标设置及其体系建构奠定前提基础。

（一）法律规制影响评估的必要性

党的二十大报告提出："推进科学立法、民主立法、依法立法，统筹立改废释纂，增强立法系统性、整体性、协同性、时效性。"全面推进依法治国，必须坚持立法先行，发挥立法的引领和推动作用，紧紧抓住提高立法质量这个关键。众所周知，评估是达至科学立法、提高立法质量的有效工具。通过评估，立法机关能够及时发现立法中与经济社会发展不相契合的规定，由此提出有针对性的建议和意见，保证良法的有效供给，从而促进经济社会的全面可持续发展。

法律规制影响评估属于立法评估②的一种重要类型。一般而言，依据评估的具体内容不同，立法评估大致可以分为以下两种模式。一种是传统的所谓合宪性、合法性、合理性、规范性的评估。此种类型评估是当下我国法律评估的主流。有关统计显示，从2006年开始，包括上海、海南、福建等地的立法机关已经先后开展了这种类型的评估活动，并出台专门的评估实施细则，使评估有章可循。当然，在评估中也创设和使用了一些评估指标，如立法的合法性指标、合理性指标、协调性指标、可操作性指标以及规范性指标等。据此评价一部已实施法律或拟制法律草案的形式是否符合宪法、上位法的规定，内容是否合理有效，措施是否可操作以及法律文本的设置是否规范等，从而全面衡量和评价法律实施的成效。

---

① 张文显：《建设中国特色社会主义法治体系》，《法学研究》2014年第6期。
② 立法评估又称为法律评估、立法效果评估、法律实施效果评估等。

第一章　法律规制影响评估指标体系的理论基础

总体看来，以上这些传统方面的考察固然有其存在的意义和价值，但缺陷也很明显。一方面，这些评估指标远不是评估内容的全部。例如通过合法性的评估，立法机关虽然能够保证制定的法律法规是合法的、合宪的，也能够保证法律体系的协调性和统一性，甚至还可以起到合宪性审查的功效。但是立法机关仅做此类评估，却存在一个很大的局限性，就是不能有效预测或验证法律实施的具体后果。例如，立法机关针对某一问题作出的立法规制，所准备的好几种方案，可能都是合法的、合理的、规范的。此时作为立法者应当如何选择立法方案，或者说哪种立法方案的实施效果最佳？因此，在面对这种情形时，传统的法律评估模式难以甄别和判断具体立法内容的好坏，也不能准确预测和验证法律实施是否达到立法预期，进而影响立法的质量与水平。另一方面，传统评估指标的设计过于宏观和抽象。尤其缺少细化、微观的评估指标和客观的标准，又导致在评估的可操作性、科学性、准确性、明晰性等方面存在不足，无法为法律改进提供有效指导。因而，此时为了追求更好的立法方案，立法机关就需要适用第二种极为重要的评估模式，也是本书所提出的法律规制影响评估模式。

具体而言，法律规制影响评估是对现行法律或拟议法律草案的影响后果进行系统全面的分析、预测与评价活动，通过科学测算，为法律法规的制定、修改与完善提供客观依据。实际上，2015年全国人民代表大会在修订《立法法》过程中，已经注意到了开展法律规制影响评估的必要性，并对其作出明确要求。其中《立法法》第三十九条明确规定："全国人大常委会工作机构可以对法律草案中主要制度规范的可行性、法律出台时机、法律实施的社会效果和可能出现的问题进行评估。"[①] 作

[①] 2023年，第十四届全国人民代表大会第一次会议对《中华人民共和国立法法》进行修改，新修改的《中华人民共和国立法法》第四十二条明确规定"常务委员会工作机构可以对法律草案中主要制度规范的可行性、法律出台时机、法律实施的社会效果和可能出现的问题等进行评估"。

为此次修改的新增条文，这也表明国家立法机关愈加重视法律实施的影响后果。通过对法律影响后果开展科学预测和评价，以期全面增强法律法规的执行力和可操作性。

（二）法律规制影响评估的可行性

法律规制影响评估基于科学的立法理论和量化方法，借助成本收益的分析工具，通过对法律产生的具体影响后果进行精准的测算，从而为科学立法提供客观依据，使制定的法律真正符合社会需求，保障人民合法权益，达至良好的社会效果。在理论渊源上，法律规制影响评估理论与立法评估、政府规制理论密切相关，并涉及经济学、统计学、管理学、社会学等多学科知识。与此同时，国内外有关评估实践则为法律规制影响评估的开展提供了有益经验。

一方面，经济分析法学和统计学、社会学等学科发展日趋成熟，它们为法律规制影响评估的开展提供了科学的理论指导。法律规制影响评估的核心是进行有效的成本收益分析。众所周知，法律法规在运行过程中必然会产生相应的成本与收益，因而法律实施产生的影响后果也必然涉及成本与收益分析。赛德曼指出，成本与收益是一个法案必然考虑的问题，"在一个矛盾的社会中，矛盾和冲突的利益必然存在，任何规定行为的建议都必然要不同地打在不同的人身上。它必然对某些人有利，对某些人不利。甚至一个法律将行车从右手改为左手都对有汽车的人不利。"[①] 在法经济学家的核心思想中，法律的实施效果应该聚集于其效益的最大化之上，即以价值极大化的方式分配和使用资源，或者说是财富的最大化，其核心概念主要有交易成本、最大化、均衡，其具体的方法是除"供给—需求"曲线

---

① ［美］罗伯特·B. 赛德曼编著：《立法服务手册》，赵庆培、杨华译，中国政法大学出版社1992年版，第21页。

第一章 法律规制影响评估指标体系的理论基础

外,还有"成本—收益分析"。① 比如以波斯纳为代表的法经济学家认为,"将法学、经济学、哲学结合起来建立经济法哲学,从而展现了用经济学理论和方法研究解决更重大的、具有根本性意义的法律问题的前景。"② 此外,在法律规制影响评估过程中,评估主体还应运用统计学、社会学等学科的方法开展数据收集和分析,通过对法律规制产生的影响后果进行科学测算,从而保障评估结果的准确性与客观性。例如,统计学中 SPSS、A-MOS 等分析软件作为数据收集处理的工具,能够保障数据收集的真实性和有效性,进而有助于实现评估结果的客观性和准确性。再如,比较不同立法方案的影响效果时,我们除了可以运用经济学中的成本收益等分析方法外,还可使用社会学中风险分析等方法进行测度。风险分析方法主要用于评价法律法规实施中所产生的各种风险,包括这些风险可能带来的负面影响及消极作用。这些方法与技术应用为法律规制影响评估的展开提供了必要条件和保障,也有助于评估目标达成。

另一方面,立法评估、法治评估等有关评估活动的兴起与发展,也为法律规制影响评估的实施提供有益指导。立法评估是分析和评价立法实施效果的活动。我国的立法评估最早开始于 20 世纪 90 年代,经过近 20 年的实践,目前已形成较完整的理论框架和实施程序,包括评估主体、评估内容、评估方法等。而专项测量法治状况的法治指数则是较为晚近的事,法治指数通过指标量化评估的方法,科学评价国家和地区的法治水平。浙江余杭地区在 2006 年正式颁布我国内地的首个法治指数,建立起了法治量化评估体系。它的具体指标内容涉及党政、民主政治、司法等九个方面,并通过专家评审、群众满意度、内外组评估等方式来获取法治评估的最终得分。余杭法治指数经过多年的实验,形成了一套

---

① 汪全胜等:《立法后评估研究》,人民出版社 2012 年版,第 276 页。
② [美]理查德·A. 波斯纳:《法律的经济分析》,蒋兆康译,中国大百科全书出版社 1997 年版,中文版译者序言第 11 页。

较为可行的法治评估方法和制度约束，有效预防政府行为的偏差，加强了政府的法治建设。① 虽然，法律规制影响评估的目标与法治评估存有差异，但在评估理念、评估方法、评估标准等环节上，它们具有诸多共性。相关成熟可行的经验为法律影响评估提供了有益借鉴。

二　法律规制影响评估指标体系的界定

法律规制影响评估的科学展开离不开一套可操作性的指标，指标是保证评估准确的前提和基础。法律规制影响评估指标具体衡量和测度法律实施的影响后果。法律规制影响评估指标之间应相互配合，指标体系的建构在前提下必须注重对指标的整合。法律规制影响评估指标的体系化，着重于建构一个完整的系统工程，体现层次性的特征，能够切实反映当前法律影响的问题。指标化及其体系建构推动了法律规制影响评估理论的实践化，从而更好地发挥其应有的价值。

（一）法律规制影响评估指标的概念

指标是衡量目标的单位或方法，它通常包括指标名称和指标数值两部分，同时也反映事物质的属性和量的属性两方面特征。在统计学上，指标和指数的含义并不完全相同，二者既有重合又有差别。统计指标实际表征一定社会总体现象的数量概念和具体数值。总体范围、时间、地点、指标数值和数值单位等构成了一项完整统计指标的基本内容。而指数则是基于某个概念若干指标合成的一个数值，它的编织最早起源于物价指数。英国人沃汉最先使用物价指数测量和反映市场的物价状况，随后指数的适用层面不断拓展。如今在经济社会领域指数的运用已非常普

---

① 李锦：《中国式法治指数若干问题的思考》，《湘潭大学学报》（哲学社会科学版）2014年第3期。

第一章 法律规制影响评估指标体系的理论基础

遍,包括消费价格指数、产品指数等,都广泛用于了解和测评宏观经济的运行状况。另外,在政法领域出现的法治治理指数也进一步拓宽了指数适用的区域。作为法律制度创新的一个重要环节,提出将法治进行量化的目标,实现了法律治理的符号化和数字化,使法治成为真正可以测量的正义,赋予了法治新的生命力。① 至此,对于指数的运用开始由经济领域转向其他社会科学领域,旨在将讨论的问题转为数字化研究,以演绎的方式展开论证和推理,从而获得可预测性和确定性的结果。当然,就其外在形式而言,指标的适用范围大于指数。根据评估对象的属性不同,指标既包括定性指标,也包括定量指标,而指数则是指标的数值,具体表现为定量指标值,所以指标应当包含指数。

法律规制影响评估指标具体衡量和测度法律实施的影响后果。它将抽象的法律规制后果予以具体化、细致化表述,并通过提炼的指标来测评社会环境对立法实施的实际承载力与接受能力。评估指标作为衡量法律实施效果的基本工具,其体现了事物质的规定性和量的规定性两个方面的特点。一方面,在法律本身内含着的公平与正义基础上,从法律产生的实际影响后果出发,概括出一般性的通用性评估指标。另一方面,指标又能够充分发挥自身测度、评价作用。评估指标作为一种测量的尺度,对法律现象及其发展变化情况进行测量分析。尤其要量化法律产生的各类成本和收益,从而对与社会经济发展不适应的法律规定作出及时的修改与完善。从普遍意义上,法律规制影响评估指标具有积极的效应,但我们也必须认识到其限度所在。在整个法治系统运行中,法律规制影响评估指标的运用也必须与其他系统相配合,从而尽可能地实现其价值的最大化。基于内部决定论分析,在外部条件优化的前提下,法律规制

---

① 钱弘道、戈含锋、王朝霞等:《法治评估及其中国应用》,《中国社会科学》2012 年第 4 期。

影响评估指标也必须实现整合化、体系化。

(二) 法律规制影响评估指标的整合

法律规制影响评估指标并不是孤立存在的,各指标之间相互配合,对指标体系的整体结构发挥着特定的作用。在评估指标的具体设置上,应注意以下事项。第一,指标的统一性,同级指标之间不能存在重复或互相包含的现象,指标的确立要保证逻辑的一致性。要在充分发挥指标合力基础上,实现评估预设的目标。第二,指标的关联性,它强调指标变量之间存在必然的联系,如逻辑上的因果、结构上的隶属关系等。在法律规制影响评估指标中,具体表现为上一级指标由下一级若干指标构成,各部分指标均是上级指标不可或缺的组成部分;上、下级指标具有隶属关系,下级指标是上级概括指标的具体化。第三,指标的稳定性,评估指标应当具备可操作性和反复适用性,协调、稳健的指标是确保指标体系高效运行的前提和基础。因此,指标应尽量侧重于一般性的指标。即根据法律实施过程中的规律及反映的问题,概括总结出一般性的影响因素,并将这些影响因素以指标的形式表现,从而保证指标的共性与可通用性。指标体系的建构,在前提下必须注重指标的整合。统一性、关联性与一致性是指标整合的基本要求。

(三) 法律规制影响评估指标的体系

法律规制影响评估指标的体系化,是其自身理论价值提升的重要保障。首先要明确体系的内涵,体系是一种有序的组合,它将一些有规律的、互相作用或互相依赖的个体联系起来,形成形式紧密的聚集体。指标体系语境下指的应是指标群或指标组合,这种组合绝不是杂乱无章和随意拼凑的。"规范的指标体系应该是依据不同的研究目的和研究对象所具有的特征,把客观上存在联系的、说明社会现象性质的若干个指标,科学地加以分类和组合而形成的"[1]。法律规制影响评估指标体系依据法律影响内容性质的不同而对评估指标进行科学分类，并将一系列有内在联系的指标进行排列、组合，形成相应的子指标体系，为立法实施效果的评估提供客观的量化标准。通过指标的全方位测量推进法律效力与社会承受能力相适应，实现协调发展。法律规制影响评估指标体系的构建应当遵循系统论的原则和理念，关注系统与要素、要素与要素之间的联系。"系统论的产生标志着科学研究从以实物为中心的范式转向以关联为中心的范式，从而为认识世界和改造世界提供了新的思路和方法"[2]。法律规制影响评估指标体系作为一个完整的系统工程，是由相互作用和联系的众多指标构成统一的整体。通过各个指标之间、各个子指标体系之间、指标与子指标体系之间的沟通与互动，揭示评估指标内在的运行规律，实现评估指标对立法修改和完善的目标。

三 法律规制影响评估指标体系的建构原则

在对法律规制影响评估指标体系的概念界定的基础上，需要进一步建构法律规制影响评估指标体系。在建构过程中，需要遵循相关的原则。首先指标体系的设置，必须遵循合法性原则，它保障评估的合法性资源供给充足。合理性原则，需要存在性分析、接受性分析、运行性分析以及有效性分析。合法性原则、合理性原则更多的是一种宏观性原则，基于指标体系的实践价值彰显，必须重视建构的可行性原则。在指标体系建构过程中，合法性原则、合理性原则以及可行性原则的内部区分，对法律规制影响评估指标体系的建构产生了不同的效应。例如，形式与实质的区分、工具与价值的区分等都具有了不同的影响。当然，原则在贯

---

[1] 朱庆芳、吴寒光：《社会指标体系》，中国社会科学出版社2001年版，第17页。
[2] 韩进、叶增：《基于系统论的地方高校学科建设绩效评价指标体系的构建》，《湛江师范学院学报》2012年第6期。

彻过程中，难免会存在偏差抑或难度，重要的是一种整体上的把握。

（一）指标体系建构的合法性原则

从理论研究的层次上，合法性理论更多地涉及宏观性问题，当前也已经逐步进入微观领域的研究。法律规制影响评估指标体系的建构，必须遵循合法性原则。合法性理论源远流长，整体上存在规范主义和经验主义两种理解进路，两者存在明显的差异。对于两者缺陷的弥补，哈贝马斯提出重建性的合法性理论。[①] 合法性理论是一个完整的体系，一般由合法性概念、合法性基础、合法性危机和合法性维护等构成。普遍意义上，合法性指一个政治系统得到社会的普遍认同，反映社会对政治系统认可程度的政治关系。政治合法性具有重要意义，是政治系统巩固和延续的有力保障，也是社会进步的有力推动器。合法性基础可以界分为物质因素和精神因素两个方面，物质往往是更强调的基础因素。在此，政治合法性便具有了可求性。合法性资源是一套合法性供给体系，但也存在供给限度，必须控制在限度范围之内。法律规制影响评估指标的体系建构及其具体设置，必须有助于保障合法性资源的供给，缓解合法性危机，并不断提升政治系统的合法性水平。例如，当前我国加快经济社会发展全面绿色转型，新时代生态文明建设新篇章不断取得新成效。但客观来讲，一些地方生态环境保护法律法规落实仍不够有力，环境监管效能需要进一步提升，为此通过科学指标的建构，来有效评估制度的环境影响效果，同时有针对性地优化环境治理效能。也正是在这个过程中，进一步重塑合法性。整体上，法律影响评估指标体系的建构必须立足于提升合法性基础的前提。

关于合法性原则的区分，对法律规制影响评估指标体系的建构产生了不同的效应。首先，合法性可以区分为形式合法性与实质合法性。我

[①] 张娟、习裕军：《超越规范主义和经验主义——哈贝马斯的"重建性"合法性思想探析》，《江西社会科学》2007年第5期。

第一章 法律规制影响评估指标体系的理论基础

们往往强调形式合法性分析,但形式合法性并不足以完全负责合法性分析的整个框架,诸多情况下需要与实质合法性结合进行完整的合法性分析。形式合法性要求在实质上是带有一定弹性的,在弹性之外、偏离处需要运用实质合法性来提升整体合法性水平。这种形式合法性与实质合法性的互动关系,也适用于法律规制影响评估指标体系的建构。在建构法律规制影响评估指标体系时,需要一种形式与实质的区分,从而整体上提升其合法性水平。另外,合法性也可以区分为工具合法性和价值合法性。我们往往侧重工具合法性,而忽视价值合法性。我们需要一种价值范式的转型,即从工具合法性转向价值合法性,实现工具合法性与价值合法性的整合并存。我们所理解的法律规制影响评估指标体系,更多地强调的是工具合法性,并没有充分挖掘其价值合法性。在指标体系建构过程中,必须弥补价值合法性的不足,重视两者的结合,这也是必须认真对待的问题。另外,合法性具有动态演进性、历史基础性、民族差异性、资源损耗性、基础多元性、生成双维性等。这些复杂化的特征,也对法律影响评估指标体系建构合法性原则产生了不同的效应。尽管在法治现代化进程中,法律规制影响评估指标体系建构是一个微观性问题,但合法性原则仍然是至关重要的。

(二) 指标体系建构的合理性原则

合理性与合法性是紧密相关的,法律规制影响评估指标体系的建构,必须遵循合理性原则。理性是人所具有的理解和思考的能力,非理性与理性是相对应的,理性往往规范着非理性并将其纳入其范围。合理性则是对人的活动的评价,合理性反映和体现客观规律,更重要的是体现主体的目的性和客观必然性。由此诺齐克重构了决策理论,认为人们决策的关键就在于过程的合理性。[①] 关于理性与合理性的关系,理性确认合

---

① Robert Nozick, *The Nature of Rationality*, Princeton: Princeton Press, 1993, p.65.

理性的内涵，合理性要求理性与之相适应。从概念上分析，理性是一个偏向于哲学的概念，而合理性更多的是偏向于政治学等社会科学的概念。从理论特征上分析，理性强调超验性和绝对普遍性，合理性则强调经验性和相对普遍性。在法律场域中，源于合理性原则的实践性特征，合理性分析得到了普遍应用。在现代性语境中，合理性是现代性的逻辑基础。合理性被赋予现代性的内涵，是法律现代性的内在源泉。法律场域中合理性分析，宏观上可以划分为符合法治观念的合理性以及符合民主的合理性，微观上可以划分为符合实体规则的合理性与符合程序规则的合理性。例如关于惩罚的合理性分析，涉及惩罚在社会体系中的存在问题、接受问题、运行问题以及有效问题。法律规制影响评估指标体系的建构，必须进行合理性分析，贯彻合理性原则，从而在更广泛意义上，提升法律动态化运行水平。关于建构法律规制影响评估指标体系的合理性问题，同样需要存在性分析、接受性分析、运行性分析以及有效性分析。

关于合理性原则的内部区分，对法律规制影响评估指标体系的建构产生了不同的效应。首先，韦伯将合理性概念区分为形式合理性与实质合理性。[①] 哈贝马斯在此基础上挖掘出交往合理性概念，致力于重构现代性。现代社会的一个重要特征，便是存在形式合理性和实质合理性的二元价值观。虽然在理论上形式合理性与实质合理性更多属于法哲学的研究范畴，但处理好两者的关系，能够有效推动我国法治进程的发展，真正实现法治的目标。建构法律规制影响评估指标体系的合理性原则，必须认真对待合理性冲突情景下的选择，即实质合理性优先、形式合理性优先还是两者并重。当然在建构过程中，我们必须强调更广泛意义上实质合理性与形式合理性的统一。另外，合理性也可以区分为工具合理性与价值合理性。显然，相对于形式与实质的区分，工具与价值的区分

---

① [德] 马克斯·韦伯：《经济与社会（上卷）》，林荣远译，商务印书馆1997年版，第107页。

具有微观性。在范畴上,价值合理性与工具合理性是割裂的,前者属于价值判断问题,后者则是经验实证问题。而交往合理性的概念,则是一个具有中和性的范畴。源于不同的语境与生活形式,在不同指标设置、建构过程中,必须强调价值与工具的不同程度的偏重。但价值合理性与工具合理性并非截然对立的,而是存在一定程度的重合。当然在整个指标体系建构意义上,我们必须强调合理性的整合,在反思性实践中提升合理性水平。

(三) 指标体系建构的可行性原则

法律规制影响评估指标体系建构的合法性原则、合理性原则,更多的是一种宏观性原则。基于指标体系的实践价值彰显,必须重视建构的可行性原则。可行性理论更多地属于管理学、经济学的范畴,但法律规制影响评估指标体系在本质上也内含了管理与经济的脉络,故可以借鉴可行性理论。从理论框架上分析,可行性包括必要性、可接受性、可能性以及可操作性等,可行性理论是一个贯穿评估对象始终的分析模式。可行性分析的对象是一个系统,评价总体方案(系统)的必要性、可能性等。可行性研究是运用多种科学手段对方案进行系统性综合论证,用最小的成本、代价确定问题是否能够解决。它为决策的依据提供一种综合性的说明,使作出的决策方案具备全面、科学、可靠的特征。法律规制影响评估指标体系在本质上是一个系统化的方案,指标体系的建构过程必须遵循可行性原则。首先,基于当前进一步推动法治现代化的需要,必须充分认识到法律规制影响评估指标体系建构的必要性。其次,基于社会转型期法治的更高质量、数量的要求,法律规制影响评估指标体系建构具有社会公众的可接受性。在理论前提下分析,法律规制影响评估指标体系并非空穴来风的范畴,已经具有重要的实践基础与理论基础,具有不同层次上的实现可能性。当然,进一步必须注重法律规制影响评估指标体系可操作性的处理,从而提升其科学化水平。

可行性原则，在宏观上可以区分为经济上的可行性、社会上的可行性、政治上的可行性等，在微观上可以区分为技术上的可行性、管理上的可行性、组织上的可行性等。关于可行性原则的内部区分，对法律规制影响评估指标体系的建构产生了不同的效应。任何决策的制定与实施都需要耗费大量的人力、物力和财力资源，而国家提供的财政资源是有限的，因此不同的政策都存在一个争取公共经济资源的问题。[1] 经济可行性是指使用的资源的可能性，可测度的指标体系作为立法决策的依据，其建构必须遵循经济可行性。社会上的可行性，是指公共决策必须符合社会发展的需求，得到社会公众的认可，在大众的可接受范围之内。指标体系要实现其价值必须进入社会实践，因此社会上的可行性是一个重要的方面。政治可行性是指某项决策在政治上被接受的可能性，可以划分为政治资源限制、分配限制以及制度的限制。如果指标体系未得到政治上的认可，则指标体系缺失了基本的合法性，难以获得强有力的实施。技术上的可行性，是指决策、方案的技术不能突破组织所拥有的或有关人员所掌握的技术资源条件的边界。法律影响评估指标体系作为一种量化的导向，其建构必将更加依赖现代信息技术，我们也需要认真考量。管理上的可行性，是指是否能够设计和维持一种以现有资源实现最大目标的环境，即法律规制影响评估指标体系的建构必须在一个复杂的环境中完成。组织上的可行性，是指是否存在强有力的实施主体完成既定的任务，即法律规制影响评估指标体系的建构主体及其权重必须得到明确。在对可行性不同区分的基础上，指标体系的建构需要不同程度的侧重，从而整体上提升其可行性水平。

（四）指标体系建构的系统优化原则

评价对象必须用若干指标进行衡量，这些指标是相互联系和相互制

---

[1] 欧阳君君：《公共政策的可行性分析及误区防范》，《中共银川市委党校学报》2004年第6期。

第一章 法律规制影响评估指标体系的理论基础

约的。具体来看,通常同级指标之间具有横向的关联性,它们集中反映不同侧面的相互制约关系;而不同层级指标之间往往又具有纵向的联系,并表现出不同层次的包含与被包含关系。另外,同层级指标之间应尽可能明确彼此界限,避免出现相互有内在联系的若干组、若干层次的指标体系,从而表现出很强的系统性。[①] 因此,评价指标体系设计要统筹考虑各方面的关系,可采用系统化的方法,将总指标分解成多个关系密切的次级指标,再由次级指标分解成多个相互关联的下级指标,从而形成层层递进的系统优化体系。所以,法律规制影响评估指标体系应是由多个联系密切但内涵独立的指标所构成,每个指标都代表不同的法律影响要素,尽量避免同级指标考察内容的重复,明确考察的基本范围。然而,事实上法律规制影响评估指标之间的独立性很难做到,从法律影响本身来看,影响要素互有交叉,指标内容往往存在重叠。因此,在指标设计时,我们应认真分析每个指标的内涵和影响范围,厘清指标之间的相互关系,选取最重要的影响内容,并从不同角度设置典型测评指标,从而相互弥补与验证,保障指标的合理性和可行性,使体系高效运行。

四 法律规制影响评估指标体系的适用范围

关于法律规制影响评估指标体系的具体适用场景,主要涵盖了适用时限、适用法域、适用地域三个方面的内容。时限、法域与地域,构成了法律规制影响评估指标体系适用的基本时空维度。我们要在具体适用场景中充分发掘适用的问题,来进一步拓展、完善法律规制影响评估指标体系,从而在广泛意义上实现其价值。

[①] 贠杰、杨诚虎:《公共政策评估:理论与方法》,中国社会科学出版社2006年版,第244页。

(一) 法律规制影响评估指标体系的适用时限

在法律场域中，时间与数字这两个范畴都是至关重要的。法律与时间紧密相连，相互作用，彼此推动各自的发展。时间是法律的存在方式之一，科学地制定法律中的时间原则，以时间为重要范畴来分析法律制度。人世间一切时间的变化，往往都会导致法律的变化，这源于时间所具有的规范功能及其强制意义。法律中的时间可分为存在意义上的时间和工具意义上的时间，又可划分为自然时间观和人工时间观。法律在时间之流中存在、运行和发展，法律中的时间体现了正义与效益，不同的时间观往往对应于不同的法律形态。时间在法律中无所不在，在规范普通生活的法律中，时间限度与时间因素发挥着重要作用，体现着法律的合理性。时间性是指法律的保护不是无期限的，而有限制的，超过这一时间限制则不予以保护。"人的时间性决定了权利的时间性。权利是呈现于现在、根源于过去并指涉于将来的。权利的时间性说明，权利是人与人之间的法律承认，而不是人的刻意创设。"[1] 在微观性的法律场域中，时间性更多地体现为时限问题，即具体法律的适用时限及其场景。同样地，法律规制影响评估指标体系也存在适用时限问题，但在本质上明显区别于法律的适用时限问题。

对于法律规制影响评估指标体系的适用问题，时间范畴是一个重要的视角。"时间秩序构成了人类秩序的一个极其重要的组成部分。在不同的文化传统中，时间都与法律一样，体现出明显的强制意义。在某些语境下，时间的不可抗拒还甚于法律的不可抗拒。时间的秩序就是人类社会生活的秩序，那么，对时间秩序的控制也就是对人类社会生活的控制。"[2] 法律规制影响评估指标体系的适用时限，可以划分为立法前、立法中与立法后三个时期。立法前属于预评估指标体系。立法中的评估指

---

[1] 熊赖虎:《权利的时间性》,《现代法学》2011 年第 5 期。
[2] 喻中:《法律与时间》,《博览群书》2008 年第 5 期。

第一章 法律规制影响评估指标体系的理论基础

标体系在一定程度上规范了立法博弈。立法后的评估指标体系，是未来修法的重要前提，关系到立法修改的质量。当然，区分并不意味着绝对的分割，而是存在着更多的关联。立法前、立法中与立法后本身就是一个宏观的立法过程，法律规制影响评估指标体系的适用也需要追求宏观上的时间一致性。时间性往往意味着更多的特殊性，但源于法定性的需求，我们需要更多的普遍性。特别是作为量化模式的指标体系，区分性的时限是必要的，但也必须追求时间一致性的关联。也只有在这个过程中，法律规制影响评估指标体系的适用时限也具有了更多的实践性价值。

（二）法律规制影响评估指标体系的适用地域

法律场域中的地域，不仅仅是一个适用效力的问题，还是一个复杂化的法治问题，特别是中央与地方的关系问题。地域是自然要素与人文因素作用形成的综合体，具有区域性、人文性和系统性等特征。法律规制影响评估指标体系存在适用上的时限问题，也存在适用上的地域问题。时限与地域，相对于法域，更多的是一种外部视角的分析。中央和地方间权力结构关系主要有两种模式，即相互控制和重叠统治。"中央与地方关系经历了从中央高度集权到逐步向地方分权的过程，在从集权向分权变动的过程中积累了三条基本经验：其一，根据国内政治形势与社会环境的变化及时进行调适；其二，在尊重中央与地方两个积极性的基础上实现集权与分权的平衡；其三，逐步实现中央与地方权限划分的规范化与法治化。"[①] 与中央权力和地方权力的关系相对应，也形成了中央与地方两个不同的法律场域。法律规制影响评估指标体系的适用地域，便形成了宏观性层次与微观性层次。在宏观性层次上，需要建构具有普遍适用性的法律规制影响评估指标体系；在微观性层次上，则需要建构具有特殊适用性的法律规制影响评估指标体系。基于集权向分权的经验，

---

① 封丽霞：《集权与分权：变动中的历史经验——以新中国成立以来的中央与地方关系处理为例》，《学术研究》2011年第4期。

法律规制影响评估指标体系也存在普遍适用性向特殊适用性的转变。同时，也存在这种普遍性与特殊性的平衡问题，也急需一种制度化、规范化的处理。

法律规制影响评估指标体系的适用地域，与立法权的划分是密切相关的。"我国目前主要是把立法事项的重要程度作为中央与地方立法权限的划分标准，同时应合理引进影响范围的标准。这源于重要程度划分标准不仅容易造成中央立法在某些事项上的虚置与空缺，而且更容易造成地方在一些亟须以地方立法形式加以调整的事项上的不作为、难作为或乱作为。"[1] 同样基于对适用地域的处理，必须兼顾考量法律规制影响评估指标体系建构的重要程度与影响范围两种标准。另外，在我国政区实践中存在着民族自治区、特别行政区等具有特别意义的自治地方，这对适用地域问题提出了更高的处理要求。这也揭示了区域法治是一个重要的范畴，法律规制影响评估指标体系的适用地域也意在彰显区域法治的可能性。"区域法治文化的发展前提是不同法治文化的共存，发展动力是法治文化之间存在的冲突和张力，发展方法是不同法治文化的整合。"[2] 民族自治地方更多的是凸显民族对建构法律规制影响评估指标体系的效应，即使在非民族自治地方仍然存在其他因素的效应问题。对于法律规制影响评估指标体系的地域问题需要平衡处理，但不应该回避问题。

（三）法律规制影响评估指标体系的适用法域

关于法律体系的内部划分，往往会形成不同的法域。法律规制影响评估指标体系的适用，存在不同的法域语境。其中，公私法的划分是一

---

[1] 封丽霞：《中央与地方立法权限的划分标准："重要程度"还是"影响范围"?》，《法制与社会发展》2008年第5期。
[2] 夏锦文、陈小洁：《区域法治文化：意义阐释、运行机理与发展路径》，《法律科学（西北政法大学学报）》2015年第1期。

第一章 法律规制影响评估指标体系的理论基础

个重要的法域视野。"公私法的划分是法律体系必须解决的一个基本问题。公私法的划分是法的内在结构问题,划分公私法的直接根据是法律调整的不同方法,法律调整的方法基本上或主要地决定于法律调整的对象。根据法律调整对象的不同和实际生活的需要,选择最佳的法律调整方法,这对建设法律体系具有重大的指导意义。"① 在公私二分的法域结构中,法律规制影响评估指标体系更多地适用于公法法域。这源于公法主要是国家干预平衡之法,国家存在的合理性在于比单纯的自发调节在实现社会合作上成本更低,当然这种对比需要通过建构评估指标体系来衡量。法律体系的基本结构是公法与私法,在此基础上又出现了私法公法化与公法私法化的法域融合现象。公私法的分立与融合,催生了中间法域——社会法法域。"公私法的划分是现代国家的基本制度,公私法既有相同性又有不同性,也存在公私法规范综合的第三法域。"② 源于第三法域产生所具有的社会经济基础,针对诸多现代复杂问题的处理,法律规制影响评估指标体系在此法域中具有了更多的实践价值。当然,在公法法域、私法法域以及社会法法域中,法律规制影响评估指标体系的适用具有不同的语境。

在法域范畴中,公私法属于宏观性的划分,而部门法则属于微观性的划分。"部门法的划分在坚持主客观一致的基础上,将部门法界定为调整人们特定领域的社会行为的规范性法律文件的总称。以实质性标准以及相关参考标准划分部门法,同时要遵循法律逻辑学中的相应相称、子项外延互相排斥、划分的层次清楚、按同一标准进行划分的原则。"③ 针对部门法及其特定领域,法律规制影响评估指标体系便具有了不同的适用场景。例如,在宪法及其适用过程中,更多的是涉及宏观性评估指

---

① 孙国华、杨思斌:《公私法的划分与法的内在结构》,《法制与社会发展》2004 年第 4 期。
② 刘士国:《公私法关系论》,《政法论丛》2008 年第 6 期。
③ 何文杰:《部门法理论革新论》,《兰州大学学报》(社会科学版)2007 年第 4 期。

标。与法律规制影响评估指标体系更相契合的部门法，当属经济法、环境法、社会法等新兴部门法。这些部门法本身立足于解决传统部门法所不能有效解决的现代问题，评估指标体系在这些部门法中具有了更多的实践价值。当然，这些新兴部门法只有与传统部门法相配合才能更好地实现其效用。也正是在这个意义上，我们强调评估指标的体系建构。"鉴于部门法理论的缺陷，提出了法律分类理论新构想。法律规范分类的最小单位是法律规范元，其集合是法律规范群；法律规范的结构是一个由不同划分标准的划分结果结合起来形成的多维空间交叉结构。"[1] 这种多维空间交叉结构，也对法律规制影响评估指标体系的建构提出了更高的要求。

五 法律规制影响评估指标体系的价值

法律规制影响评估及其指标体系建构，在本源意义上是法治场域的问题。基于评估指标应用和价值的延伸，与改革法治化、国家治理现代化产生密切关联。法律规制影响评估指标体系有助于立法科学化、测度法治水平、提升国家治理的现代化。关于法律影响评估指标体系实践价值的彰显，是一个从中心向外围、从微观向宏观逐步拓展的过程。

（一）有助于推进立法的科学化

法律规制影响评估指标作为提升立法科学性和民主性的重要举措，对于提升立法质量具有重大的意义和价值。一方面，在当下完善以宪法为核心的中国特色社会主义法律体系的背景下，对立法质量要求越来越高，走向更加精细化的评估式立法时代已是必然之势。在推进科学立法进程中，对诸多问题的分析判断和讨论已经不能简单地凭借人

---

[1] 刘诚：《部门法理论批判》，《河北法学》2003年第3期。

第一章 法律规制影响评估指标体系的理论基础

们对价值立场的认定和以往的感性经验，而是需要坚实的社会科学理论工具。因此，实现由数量型立法向质量型立法转轨，坚决放弃"粗放型"立法模式，实现"精耕细作"式的立法作业，成为我国法治建设的必然选择。由此，法律规制影响评估指标这一精细化的实证主义立法路径的意义也就不言而喻。法律规制影响评估指标旨在通过建立一套涵盖具体影响后果的测度指标，使得立法评估更具可操作性、客观性与精确性。这对于当下全面推动立法评估由粗放转为精密、规范与科学有着重要的意义。通过科学评价法律法规实施的成效，从而为立法改进提供可靠的参照。

另一方面，法律作为一种行为规范，在其制定实施的过程中，必然会对社会产生各种影响。无论是立法阶段、执法阶段还是司法阶段，它总是同外部各种要素产生密切关联。法律规制影响评估指标体系也有助于实现立法效果与社会发展的协调统一，更好地促进经济、政治、文化、社会、生态文明建设，使科学的立法真正贯穿于"五位一体"的总布局，从而推动社会的全面发展。因此，构建法律规制影响评估指标体系并根据评估指标开展评估，无疑会有力推进立法机关和社会的良性互动。由于种种原因，我国公众参与立法存在进一步提升空间，还没有完全形成立法机关和社会互动的局面，从而造成了有些立法脱离社会实践，可操作性和可接受性较弱，难以被遵守和执行。"立法主体要理性回应人民对立法的期待，通过规范人民参与立法的途径来助推立法工作的有序化和科学化"[①]。法律制度实施效果评估通过对相对人，尤其是相关的利害关系人调查、对法律实施的评价以及对评估结果的公开，能够促使更多的人关注立法，积极参与立法，进而有助于实现立法的科学化，提高立法质量。

---

① 陈厉文：《习近平法治思想中关于立法的重要论述》，《长白学刊》2023年第5期。

（二）有助于测度和评估法治水平

当前法治评估被引入中国并得到了广泛应用，关于法治的评估也呈现出多元化的样态，法治评估的价值和作用也日益得到认可。法治评估应建立规范统一的法治建设评估模式和多元合理的法治价值评估模式，建构二者功能上的互补关系。法治评估有着复杂的背景渊源，可被归纳为三种类型：定量评估、定性评估和建设评估。法治评估与法律规制影响评估，两个范畴存在差异。法治评估更具有宏观性，涵盖立法、司法、行政等领域，涉及的范围更广泛，也更具抽象性，而法律规制影响评估则更着重于提高和完善立法质量。当然法律规制影响评估具有源头性，能够更广泛意义上推进法治评估。随着法治话语获得广泛认同，以指数评估衡量法治的发展水平，是当前推进法治中国建设的重要手段。"反思性地思考中国法治指数设计中虚与实、中国与世界、普遍性与特殊性、统一与杂多、表象与实质、诚信与虚构、理想与现实、定性与定量、建构主义思维与法治的渐进主义逻辑、科学与人文这些相关的思想维度，有助于我们更为真切地认识和设计中国的法治指数。"[1] 法律规制影响评估指标体系与法治指数是存在密切关联的，但法律规制影响评估指标体系侧重于立法层面上的应用，其建构经验也为法治指数的完善提供了新的视角。指标在中国具有独特意义，在我们这样一个缺乏逻辑思维的国度，有助于规范人的存在性。

党的二十大报告明确提出，坚持全面依法治国，推进法治中国建设。回溯历史，推进法治中国建设、实现法治现代化，是党的十八届三中全

---

[1] 侯学宾、姚建宗：《中国法治指数设计的思想维度》，《法律科学（西北政法大学学报）》2013年第5期。

第一章　法律规制影响评估指标体系的理论基础

会做出的重大战略部署。法治中国随后成为新时代中国特色社会主义法治建设的统领性话语，成为我国推进全面依法治国的重要目标。[1]"法治中国"不仅是一个政治术语，而且具有丰富的学理意义。从概念上分析，"法治中国"具有时间性、空间性两个维度。时间维度上揭示了从人治向法治的历史转型，空间维度上具有国际比较性的意义。法律规制影响评估指标体系所具有的时空适用性，也在推进法治中国的全方位建设，真正在时空意义上实现法治现代化。"法治中国从抽象符号具象化为行为逻辑的首要前提。主体维度的法治中国涵摄了主体的法治自觉、自信、自立与自强；客体维度的法治中国聚焦于从依法治权与依法维权的二元对立转向互信、和谐的权利与权力关系模式与治理格局，致力于构建友爱的党民关系、友善的政民关系和友好的法民关系。"[2] 从符号到实践的逻辑，需要一种体系化的转化。法律规制影响评估指标体系在转化中起到重要作用，同时有助于法治中国建设进程中主客体之间的协调。"法治中国建设的重大任务包括科学立法、严格执法、公正司法、全民守法这四项基本要务，以及推进党的领导方式、执政方式法治化等八个工作重点。"[3] 建构法律规制影响评估指标体系，在实践意义上有助于完成法治中国所要求的任务和工作重点。当然在精神层面，法治中国的目标需要重建价值观体系，量化性的法律规制影响评估指标体系并非没有必然性积极效应。

（三）有利于提升国家治理的现代化

法治现代化、改革现代化及其两者的整合，在基础意义上必须推进国家治理现代化。国家治理现代化是国家现代化的重要组成部分，国家

---

[1] 杨军：《从"法治国家"到"法治中国"：新时代中国特色社会主义法治话语的主体性创新》，《江西财经大学学报》2024年第5期。
[2] 汪习根：《论法治中国的科学含义》，《中国法学》2014年第2期。
[3] 张文显：《法治中国建设的前沿问题》，《中共中央党校学报》2014年第5期。

治理现代化的水平直接决定了国家现代化的可能性,涵盖了治理体系和治理能力现代化两个系统。国家治理在向现代化转型过程中,与传统的国家治理形成对比,国家治理内部构成要素主体、客体、目标以及方式等都将发生渐进性变化。法律规制影响评估,通过系统化的考量将治理要素部分或整体予以整合评估,从而推进国家治理现代化。现代国家治理相对于传统国家治理具有主体多元化、客体立体化、目标人本化、方式规范化、手段文明化的特征,这也是国家治理现代化的要求。"复杂的现代国家结构需要简约的治理机制,国家简约治理的两个相关准则:国家治理的以简驭繁定理、国家治理删繁就简的改革选择。"① 依法治国是推进国家治理现代化的重要内容和主要途径,国家治理现代化的核心是要推进国家治理法治化,在改革总目标的前提下需要强化法治权威和良法善治。法治与国家治理存在联系与契合,法治是国家治理的基本方式。"现代法治为国家治理注入良法的基本价值,提供善治的创新机制,法治对于国家治理现代化具有根本意义和决定作用;法治化是国家治理现代化的必由之路,治理体系法制化和治理能力法治化是国家治理法治化的两个基本面向。"②

作为系统范畴,国家治理是一个治理体系和治理能力相互融合的有机整体。国家治理体系与国家治理能力相互配合,在根本上保障了国家治理的成效。与国家治理对应的是国家治理评估指标,评估指标在推进国家治理现代化进程中具有重要的指引作用。法律规制影响评估指标能够有效提升法治水平,也是国家治理评估指标体系的重要组成部分,基于法治的立场,运用法律规制影响评估指标体系无疑有助于国家治理法治化,进而有助于在法治轨道上推进中国式现代化。中国式法治现代化立足中国国情,体现法治发展普遍规律,推进国家治理从人治到法治、

---

① 任剑涛:《国家治理的简约主义》,《开放时代》2010年第7期。
② 张文显:《法治与国家治理现代化》,《中国法学》2014年第4期。

第一章　法律规制影响评估指标体系的理论基础

从形式法治到良法善治转变。① 法律规制影响评估指标体系与国家治理现代化的两个方面，即国家治理体系与国家治理能力，是密切联系的。在国家治理体系现代化的战略抉择上，必须积极而稳妥地推进国家治理结构的现代化。"兼具有效性与合法性是现代国家治理体系的本质属性，开放性、包容性与可问责性是现代国家治理体系的外在表征，国家治理体系的回应性和调适性是治理现代化的集中体现。"② 国家治理体系与法治体系是融会贯通、相互对应的，这种同构关系有助于两者的双向促进。提升国家治理能力是国家转型与变革的必然要求，从内部视角切入，我们需要对国家治理能力各方面的基础性要素予以深刻分析，同时在这个基础上对国家治理体系各要素进行系统性变革。③ 尽管治理能力属于抽象的能力范畴，但仍可纳入法治的考量范围，法律规制影响评估及其指标体系建构对于国家治理能力提升具有操作性的推动。

---

① 张文显：《"中国式法治现代化"的语义和意义分析》，《东方法学》2024 年第 4 期。
② 唐皇凤：《中国国家治理体系现代化的路径选择》，《福建论坛》（人文社会科学版）2014 年第 2 期。
③ 魏治勋：《"善治"视野中的国家治理能力及其现代化》，《法学论坛》2014 年第 2 期。

第二章　域外法律规制影响评估指标体系的考察

当前国外法律规制影响评估指标体系主要有两种模式。其一为美国和加拿大采用的成本收益模式。此种模式不再具体细分法律影响的不同领域与内容，直接对相关后果进行成本收益测算和评估。其二是欧盟模式。此种模式先将法律的影响区分为社会、经济、环境等不同类型，甚至进一步区分为更为细致的子类型，这些具体类型与子类型就成为不同层级的评估指标；最后对这些指标进行具体的成本收益测算与度量，从而形成评估结果。

一　美国法律规制影响评估指标体系

从制度变迁的角度看，美国法律规制影响评估指标体系发展较早并逐步完善，具体主要表现为立法成本收益评估指标的形式。在此前提下，需要系统考察与梳理评估制度的发展历程，以形成全面客观的认识。通过对指标体系构成及量化方法的深入细致研究，明确制度的内在统一性逻辑脉络，从而客观分析美国指标体系模式存在的优势与不足，进而为我国指标体系的科学构建提供有益借鉴。

第二章 域外法律规制影响评估指标体系的考察

(一) 立法成本收益评估制度的确立

20世纪70年代美国政府开始了规制改革运动。1971年尼克松总统提出"生活质量审查"(Quality of Life Review)项目，该项目从商业发展角度对环境法规的质量进行评价。虽然评价过程没有使用成本效益的分析方法，但审查的程序已具备了法律规制影响评估的雏形。具体来看，尼克松政府建立了专门的立法监督机构：管理和预算办公室（OMB），要求OMB审核白宫内阁行政机构提交的环境法规草案和评论意见，审查过程应充分考虑各种方案的花费成本，保障法规出台的合理性。1974年福特总统签署11821号行政命令《通货影响膨胀说明》，规定政府出台监管成本较高的法规前必须阐明监管措施对经济发展带来的影响，特别要详细说明立法对生产效率和市场竞争的影响。1975年福特总统又提出四项规制改革的措施，要求行政机构在监管立法实施前全面衡量和考察每项提案的成本和收益。随后历届政府均延续对法律规制影响评估的传统，1978年卡特总统成立了监管分析审查小组，该小组主要任务便是审查官方颁布的重要法案。同时，为了进一步规范对政府行政法案的审查程序，提升规制改革的效果。卡特总统又签署12044号行政命令《改善政府规制》，规定行政机关出台对消费者、私营企业和各级政府产生重大经济影响的规章，应提供一份规制影响分析说明。其中，重大经济影响的规章是指产生的年度经济影响至少为一亿美元，或者给企业、政府的消费成本带来明显提高的规定。说明的内容包括对具体问题的描述，不同方案的识别、监管产生潜在的经济影响和选择监管法案的详细原因。至20世纪70年代末，很多行政机构都使用规制改革提倡的经济影响分析方法开展立法评估。劳工部辖属的职业与安全卫生办公室甚至专门聘请经济学家计算规章方案产生的实施效益。但整体来看，20世纪70年代美国规制改革活动并没有达到预期效果。虽然历届总统积极提倡政府部门对制定的法案进行成本收益分析，但经济分析理念并没有实质性运用到立法程序中。成本收益评估结果对法案通过仅具有参考意义。

1981年里根总统签署12291号行政命令《联邦规章》，对政府规章制定提出了更高要求："政府监管的目标应当建立在社会收益最大化的基础上，充分考虑受到影响的行业和国民经济状况，除非潜在的社会收益超过社会成本，否则行政法案将不予通过实行。"同时，对于产生一亿美元及以上经济效果的重大政府部门规章，行政机关都应提交经济影响的分析报告，接受规制信息事务办公室的审核。据统计，从1981年到1989年，信息和规制事务办公室共否决了美国劳工部超过40%的规章草案，有效缓解了部门规章对市场经济的监管压力。[1] 1993年克林顿总统签署12866号行政命令《规制计划与审查》，提出市场导向的监管政策理念，通过建立绩效考核制度，使政府监管变得更有效率。行政机关在拟定有关市场运行的规章方案时，要事先进行成本收益分析，只有收益能够证明为其支付成本的正当性，方案才能够被提议和采纳。12866号行政命令还规定了更为透明的规章审查程序，所有在信息和规制事务办公室以及行政机构之间的文件往来，在规则制定程序终结时，都需向社会公众公开。行政机构的监管行为与已生效法律、总统优先权和行政命令的规定保持协调，避免与其他政策和立法发生矛盾冲突。在12866号行政命令的基础上，2011年奥巴马总统签署13563号行政命令《改善规制和规章审查》，对行政立法成本收益分析的原则、结构和定义做进一步完善，"行政部门和独立的监管机构在各种可选择的替代性方案中，要优先考虑净收益最大化的方案，包括潜在的经济、环境、公众健康等方面的优势"。13563号行政命令提出对现行法规进行事后评估，对重大法规定期审查，及时修改、废止无效的条款规定。

2021年总统拜登发布主题为"规制审查的现代化"的致内阁部门和行政机关首长的备忘录，对信息和规制事务办公室审查行政规章时所采

---

[1] Murray L., Weidenbaum, "Regulatory process reform: from Ford to Clinton", *Regulation*, Vol. 20, No. 1, 1997, p. 22.

用的成本效益分析制度，提出一系列改进建议，例如政府部门在开展规章所带来的成本效益分析时，应充分考虑种族正义、环境保护和未来世代的利益。随后2023年拜登正式签署总统行政命令《关于规制现代化改革》①，重申了12866号行政命令和13563号行政命令效力，并要求政府部门每年对经济产生2亿美元或2亿美元以上影响的立法项目进行评估。由上可知，美国总统行政命令和规范性文件，建立起了法律规制影响评估的基本框架。这些行政命令具体阐明了立法成本效益分析的理念和程序，严格审查对经济社会发展有重大影响的立法案，依法减少政府干预，全面提升市场监管水平。

（二）立法成本收益评估指标的基本内容

当下美国的立法成本收益评估指标主要规定在克林顿总统颁布的12866号行政命令中。其中立法收益列举了以下内容："1. 促进经济和私人市场的有效运行，2. 增进健康和安全，3. 保护自然资源，4. 消除减少歧视或偏见等。"立法成本包括直接成本和间接成本。直接成本即政府的执法成本。它由两部分构成：一是中央联邦政府主动划拨给行政监管机构和地方政府执行联邦规章的费用，二是中央联邦政府的管理经费。间接成本是指政府、企业和私人主体的守法成本，即地方政府、企业和个人遵守联邦规章的各种费用支出。根据12866号行政命令的宗旨及其规定的指标内容，我们可以看到，美国行政立法成本收益评估更侧重于评价立法实施产生的市场影响后果。例如衡量和评价行政立法实施对企业、消费者和政府带来的守法成本，或者对竞争、就业、投资、创新等市场要素的作用。

与此同时，美国布鲁金斯公共政策中心等社会第三方研究机构对政

---

① THE WHITE HOUSE, Executive Order on Modernizing Regulatory Review, https：//www.whitehouse.gov/briefing-room/presidential-actions/2023/04/06/executive-order-on-modernizing-regulatory-review/.

府规制行为也进行了专门研究。它们认为法律规制的影响后果一般区分为三种类型：社会管制影响、经济管制影响和文牍管制影响。每个类别影响通过具体指标来测算法律实施的影响后果。例如，社会管制影响由12个指标组成，包括："1. 空气污染控制；2. 水污染控制；3. 固体废物处理；4. 有害物质处理；5. 噪声控制；6. 道路光滑度指标；7. 疾病和事故预防；8. 退休和养老管理；9. 家庭迁入和迁出管理；10. 就业和培训计划；11. 健康卫生和安全标准；12. 工作环境设施标准。经济管制影响则由7个指标构成，包括1. 农产品价格和销售的控制；2. 运输价格和进入控制；3. 能源价格与进入控制；4. 银行、证券、基金和保险的进入障碍；5. 通信的联邦与地方的分割经营；6. 服务业的登记、资格认证与许可证；7. 工资和工作时间标准的障碍。"[①]

表 2-1　　　美国 12866 号行政命令关于立法成本收益规定

	立法成本	立法收益
1	立法直接成本	促进经济和私人市场有效运行
2	立法间接成本	增进健康和安全
3		保护自然资源
4		消除减少歧视或偏见

（三）立法成本收益评估指标的量化

哈佛大学法学院桑斯坦教授认为，应对行政立法进行全面的成本收益分析，成本和收益要尽可能进行货币化的测算，比如可以尝试将生命价值估算为一定货币数额。[②] 通常来讲，立法成本估算方法包括数量经济法、支出估算法、工程学方法、生产率研究方法和一般均衡模型法。立法收益估算方法则包括估计人们对规制标准变动所愿意支付量和个体

[①] 席涛：《美国管制：从命令—控制到成本—收益分析》，中国社会科学出版社2006年版，第117页。

[②] Cass R. Sunstein, *The Cost-Benefit State*: *The future of Regulatory Protection*, Chicago: American Bar Association, 2002, p. 20.

第二章　域外法律规制影响评估指标体系的考察

实际支付数量两种，即以支付意愿为基础的收益测算方式。[①] 当前，立法成本收益量化过程中经常使用方法主要包括以下几种。

1. 显示性偏好方法

显示性偏好方法是指消费者、工人和其他参与主体作出的市场价值判断，主要对商品和服务的价格进行评估。如果市场主体获得充分的市场交易信息，并且面临真实选择，运用偏好就能够准确量化立法成本和收益的货币值。显示性偏好方法包括直接方法和间接方法，直接的显示性偏好法往往通过商品在市场上的价格就可获得，间接的显示性偏好法是指商品不具有市场价格，此时需要通过旅行成本等方法将商品的市场价值以货币化方式呈现出来。例如，旅行成本研究的环境设施的价值估计，以及衡量不动产价值差别或变化的快乐价格模型等。显示性偏好法由经济学家萨缪尔森在1938年提出，其最初也被称为"选择偏好"理论。[②] 当前显示性偏好方法在经济学领域得到广泛运用，经济学家通常根据消费者的购买行为来推测消费者的偏好，透过偏好来计算满足的效益。但是考虑到市场交易的复杂性和相关数据的稀缺性，这些方法有时难以实施和操作。因此，在进行显示性偏好评估时，应当满足以下条件：首先，评估的市场要具有完全竞争性，完全竞争市场充分反映了社会资源的均衡和真实的商品价值。其次，市场应当保障交易信息的畅通，如果市场存在信息不对称问题，那么商品的价值同样难以得到真实反映，此时要借助影子价格的方法，来调整市场价格与影子价格的偏差。最后，市场不应该存在外部性问题，外部性是产生市场失灵的原因之一。此时经营个体的消费或生产行为，无偿影响到其他经济个体福利的效果，导致受外部影响的市场价格无法正常反映商品的真正成本。

[①] Luis Guasch and Robert Hahn, "The Costs and Benefits of Regulation: Implication for Developing Countries", *The World Bank Observer*, Vol. 14, No. 1, 1999, pp. 141–143.

[②] Hal R. Varian, "Revealed Preference", in Michael Szenberg, Lall Ramrattan, Aron A. Gottesman, *Samuelsonian Economics and the Twenty-First Century*, Oxford: Oxford University Press, 2006, p. 78.

2. 声明偏好方法

声明偏好是一种以问题假设作为前提的评估方法。这种方法通过问卷调查的形式，向被调查者提出有关非市场化商品使用价值的假设性问题，以获取人们对成本收益估价的支付意愿。[①] 如询问一组相关的人员，假设出台的某项立法规定给环境造成破坏，他们需要什么补偿以保持现有的福利水平，或者他们愿意付出多少代价来阻止破坏的产生。在进行声明偏好评估时，评估者应当注意以下步骤。首先，要向被调查对象介绍评估的商品或服务，说明评估目的。评估问题围绕商品或服务的经济价值展开讨论，支付意愿的问题要结合个人可支配的预算状况来设计。其次，被调查的对象范围应通过抽样方式来确定，选择样本应充分涵盖目标人口。调查可以采取电话、邮件、互联网等多种方式进行，尽量提高问题回馈比例。同时受访对象要了解可替代商品和其他支出方案的选择。最后，调查问卷收集的数据要适用统计学和计量经济学的分析方法，如探索性因素分析、验证性因素分析以及结构方程模型分析等。以此来保障统计结果的准确性和真实性，使调研的结果推广到整个目标人口。

3. 收益转移方法

由于显示性偏好评估和声明偏好评估都是使用原始市场数据进行评价，分析的过程往往涉及时间和成本的花费问题。例如，通过向目标人群发放问卷，来收集旅行者的相关费用，发现人们对立法改善的支付意愿。但由于消耗时间较长，成本较高，所以偏好评估的方法有时可能不具有可行性。此时，收益转移就成为替代偏好评估的一种有效方法。收益转移方法较多地用于环境法规和政策的评估，将一项监管法规对经济、社会和环境产生特定影响的货币化价值运用到其他监管法规所评估的成

[①] James J. Murphy, P. Geoffrey Allen, Thomas H. Stevens, Darryl Weatherhead, "A Meta-Analysis of Hypothetical Bias in Stated preference Valuation", *Environmental and Resource Economics*, Vol. 30, No. 3, 2005, p. 315.

本和收益中。① 收益转移法的评估不用发放调查问卷,而是通过收集已有的研究成果,建立科学的收益转移模型,就可获得法律所需要的成本和收益。收益转移的主要方法有两种:对确定价值转移的数值转移法和估计模型的需求函数转移法,前者是对评估结果的转移,后者是评估框架、指标的转移。② 因此,在立法收益的评估中,应当根据评估对象的性质,选择合适的转移法,认真比较前、后两部法律的差异,确保收益转移以后评估结果的准确性。

(四) 立法成本收益评估指标的优势与不足

美国从 20 世纪 60 年代就开始进行立法成本效益分析,至 20 世纪 80 年代进入全面的"成本—收益"阶段,其得失经验对于后发国家实施成本收益评估有重要的借鉴意义。③ 美国立法成本收益评估指标内容主要以官方 12866 号行政命令的规定作为依据。其中立法成本包括立法的直接成本和间接成本;立法收益包含市场秩序稳定、健康安全、自然资源等内容。然后在评估的过程中,根据每部法律所反映出的特点,在官方规定的框架内,有针对性选择具体的成本收益内容,从而有利于保障评估的灵活性和结果的准确性。由此看出,美国立法成本收益评估指标体系是一个灵活、开放的体系,它所规定内容皆为一般性的指标,在具体评估活动中,根据特定的评估对象、评估方案和评估目的等因素,对一般指标体系的指标进行取舍、补充和修正,进而最大程度上确保法律法规的质量。但是一般性、框架性的评估指标在赋予评估者较大权限,在鼓励评估者依据实际法案的特点进行灵活补充和完善指标体系的同时,也容易产生

---

① James L. Boutwell and John V. Westra, "Benefit Transfer: A Review of Methodologies and Challenges", *Resources*, Vol. 2, No. 4, 2013, p. 518.
② 赵敏华、李国平:《效益转移法评估石油开发中跨区域环境价值损失的实证研究》,《系统工程》2006 年第 10 期。
③ 汪全胜:《美国行政立法的成本与效益评估探讨》,《东南大学学报》(哲学社会科学版) 2008 年第 6 期。

随意选取评估指标的风险。由于实践中缺少统一的标准,评估者对立法成本收益指标的选择往往具有较大的主观性,在选择过程中也容易忽略某些重要的评估指标。这又在某种程度上影响了评估结果的客观性和真实性。

另外,美国立法成本收益评估无法回避的一个现实问题是立法收益指标量化的困境,尤其健康、安全、环境等方面的指标难以进行有效量化。虽然相关立法文件规定了如显示偏好、陈述偏好、收益转移等评估方法,旨在将难以测量的定性指标转化为量化或货币化的数值。但是此种方法在实践中效果仍不够理想,它无法解决所有定性指标量化的问题,并且该方法量化、货币化的精确度还有待进一步提高和完善。整体分析,美国立法成本收益评估仍取得了较好的效果,通过开展有针对性的成本收益分析,既保证了立法的科学性也使法律法规具有较强的社会适应性和稳定性,便于公众接受和理解。

二 加拿大法律规制影响评估指标体系

由于深受美国影响,近年来,加拿大政府积极开展立法成本收益分析活动。实践中,加拿大法律规制影响评估指标体系同样表现为立法的成本收益评估指标形式。对于加拿大评估指标体系模式,可从评估制度建立、评估指标构成、评估指标的量化等方面予以认识和把握。

(一) 立法成本收益评估制度的建立

20世纪70年代加拿大开始探索法律规制影响评估制度。1976年加拿大联邦政府出台官方文件《今后的道路》(*The Way Ahead*),要求政府部门今后在进行经济、社会领域立法时,尝试开展成本收益分析,以确保市场规制政策的合理性。[1] 1978年加拿大财政理事会进一步提出涉及

---

[1] Organisation for Economic Co-operation and Development, *Regulatory Impact Analysis: Best practices in OECD Countries*, 1997, p. 51.

健康、安全和公平内容的法规都要进行社会经济影响分析。随后，联邦政府于1979年在财政理事会秘书处下设了协调与规制改革办公室，具体负责规制改革方案的设计。"1982年联邦议会通过C-119法案，一次性地废止了124件无用的或不必要的联邦法规"①。至90年代，加拿大颁布的《联邦立法政策》②要求所有内阁部门提交的规章都要进行成本收益分析，评估内容涉及公众健康、社会安全、环境质量和经济发展等，并选取成本最小、收益最大的方案作为规章草案。

当前加拿大关于立法成本收益评估制度主要规定在2022年财政委员会发布的《加拿大规制成本效益分析指南》③。该指南明确了立法成本收益评估的五个步骤：一是识别问题，确定基准线；二是确定法案可能产生的收益和成本；三是比较收益和成本；四是分析方案可能产生的不确定影响；五是进行利益相关者的分析，并推荐适合的方案；六是拟定一份成本收益的说明报告，并将可量化的成本与收益分别列出，不能量化的内容做定性分析。其中，第二步在对可选择方案进行成本收益分析时，具体评估竞争状态、劳动力市场、环境保护、人类健康、税收补贴、生态效益等方面的内容。在充分识别以上影响效果的基础上，立法机关进而估算各方案对企业、政府和消费者带来的成本和收益，进而选择效益最大的方案作为最终的立法案。

（二）立法成本收益评估指标的划分

《加拿大规制成本效益分析指南》将法律规制影响评估指标划分为立法成本评估指标和立法收益评估指标。其中直接成本和间接成本构成了立法成本，直接成本由两部分组成：私主体引起的守法成本和政府引

---

① 汪全胜：《加拿大立法的成本效益分析制度探讨》，《法治研究》2014年第8期。
② Treasury Board of Canada Secretariat, *Government of Canada Regulatory Policy*, 1995.
③ Treasury Board of Canada Secretariat, *Canadian's Cost-Benefit Analysis Guide for Regulatory Proposals*, 2022.

起的行政成本。私主体的守法成本即私营部门承担的守法费用，企业和其他私人实体为了遵守法律规定而承担的守法支出，具体包括固定成本、营业成本和维护成本。守法成本通常建立在工程设计成本评估基础上，它详细列明了不同的工程或技术中可能需要各种资金成本。例如为了控制污染，企业被要求购买和安装新的机器设备以消除或减少污染物的排放，此种情形下，守法成本是指投资新的环保设备所支付的经费。随着时间的推移，企业将会产生额外的机器运行和维护成本，运行和维护的成本同样属于企业的守法成本范围。

政府的行政成本是指政府履行法律规定，所支付的管理和监督费用。例如，为了建立一个可交易的控制污染许可制度，政府需要研发一个可操作的系统，此时对于系统研制的费用就属于政府的行政成本。间接成本主要指过渡成本，即规章在过渡期内生产者、消费者遵守法律的成本。一般过渡成本所占的比重很小，可以忽略，但如果有重要意义，必须将其予以考量和评估。立法的收益则包括：市场的经济收益、社会安全和环境收益。需要注意的是，收益不同于成本，对于能直接货币化的收益，利用市场价格就可获得；而安全收益、健康收益和环境收益往往通过竞争市场的价格难以反映。例如，控制空气污染和水污染、基于健康和隐私毒品监控等，这类收益的定量分析往往需要借助偏好评估法来把收益货币化。

表2-2　《加拿大成本效益分析指南》关于立法成本收益的规定

	立法成本	立法收益
1	立法直接成本	市场经济收益
2	立法间接成本	社会安全收益
3		环境收益

（三）立法成本收益评估指标的量化

在指标计算方法上，立法成本指标主要依据立法机关调研的客观数值进行直接计算，立法收益指标的量化方法主要有以下几种。

1. 纠正扭曲的市场价格评估方法

商品的社会边际价值通常体现在价格中。在完全竞争市场中，价格等于边际成本。如果受政策影响的商品和服务市场具有竞争性，没有受到税款和补贴款的影响而发生扭曲，此时市场价格将会提供适合效益评估的货币价值。这种方法基于支付意愿和机会成本的信息，通过市场价格变化来反映立法的成本和收益。因而在不具有竞争性的市场中，为了准确地评估成本和效益，商品和服务价格需要重新计算。由于加拿大对商品征收营业税，商品价格除了受制于市场自身的竞争外，还要受到政府税款和补贴金的影响。消费者基于这些税款和补贴，往往需要支付超过商品价值的金额，此时商品价格不能反映真实的价值，也不能反映法律影响下所增加的社会财富。因此，在计算收益时，价格需要减去税收额，从而获取真实的货币值。另外，在劳动力市场，个人所得税和失业保险是导致劳动力价格波动的主要原因，此时就业收益的计算同样需要减去个税和保险的金额，以获得准确的劳动力价格。

2. 显示性偏好评估方法

显示性偏好评估方法主要根据受影响的消费者、工人和其他参与主体的实际市场决策，对商品和服务的价值进行估算。如果市场主体获得充分的市场交易信息，并且面临真实选择，运用偏好就能够准确量化立法成本和收益的货币值。显示性偏好评估方法包括直接方法和间接方法，直接的显示性偏好评估方法往往通过商品在市场上的价格就可获得。间接的显示性偏好评估方法是指商品不具有市场价格，此时需要通过旅行成本等方法将商品的市场价值以货币化方式呈现出来。这里主要介绍几种间接的显示性偏好评估方法。

享乐价格法：通过观察市场上相关产品的性质，来评估非市场化的产品价值。即消费者享受某种产品由于环境的不同产生的差价，以此作为环境产生的收益。目前，它已经广泛运用于劳务市场和房地产市场，用来评估不同完善监管政策的效益。[1] 例如一栋房子的价值受到地理位置、面积大小、结构设施、噪声环境、空气污染等因素的影响，所以房屋交易时价格体现了所有因素共同构成的总价格。对于每项因素所占的具体价值就可通过享乐价格的方法来评价。享乐价格法建立在完全竞争的市场假设下，估算的系统误差较小，具有很强的灵活性，但是该方法仍然存在很多缺点，"第一，需要大量的数据，以及专业的统计知识。第二，运用的前提条件是运作良好和透明度高的房地产市场，且环境属性被个体房主清楚地觉察和度量。第三，计算结果随函数形式的选择和估算程序的不同而变化明显。第四，没有估算环境的非使用价值，通常低估了总体的环境价值"[2]。因此，研究者需要对评估的对象进行全面分析，避免评估中存在的问题，保障评估结果的合理性。

旅行成本法：该方法是指通过使用相关市场的消费行为，为非市场环境商品设定价值。它通过游客在旅行途中的各种花费，来估算环境质量变化后旅游场所产生的经济效益。旅行成本的评估假设为：游客到没有市场价格的自然景点或娱乐场所，即使不支付场所的门票，但也同时花费交通费用以及其他必不可少的开支。例如机票、出租车费用、轮胎磨损的成本等，此外还包括一定的时间成本。这些货币支出和时间成本都是旅游环境的隐含价格。通过收集调查游客在景区的消费情况，依据出游率和旅行费用等数据，利用回归技术确定出经典的旅游需求曲线，以此为据计算出的消费者剩余就是旅游景点的非市场价值。[3] 旅行成本法假设合理，评估结果易于理解，但是仍有一些问题需要解决，包括变量的选择、旅行目标过多、统计偏好的记录不准确等。

行为转换法：行为转换法与旅行成本法的分析思路基本相同，即通

---

[1] Matt Monson, "Valuation Using Hedonic Pricing Models", *Cornell Real Estate Review*, Vol. 7, 2009, p. 62.
[2] 向书坚、朱新玲：《环境资源估价方法述评》，《统计教育》2007 年第 7 期。
[3] 陈诚：《关于旅行成本法评估环境资源价值的评析》，《科技资讯》2010 年第 6 期。

过观察个人面对环境、健康、安全状况发生的变化而改变自己的行为，从而推测出其价值。例如臭氧破坏的大气污染问题给人类生活造成严重影响，人们就会通过购买和使用遮阳帽和防晒霜等护肤类产品，来减轻大气污染对身体健康的损害。此时环境污染产生的负收益就可以依据护肤产品的价格来体现。

疾病成本法：疾病成本是衡量人体健康和劳动能力受环境污染所导致的经济损失方法。这种方法具体测量由疾病引起的各种成本支出，包括病人因住院造成的收入损失和医疗费用支出。计算的基础是损害函数，该函数把人们接触到的污染水平和污染对健康的影响联系起来，体现它们之间的技术关系。具体包括以下几个步骤：首先，确定污染物的量；其次，确定污染下发病的增加量；最后，使用治疗成本、工资损失和生命损失去估计患病和提早死亡的成本。立法评估中，疾病成本法主要用来测算法律的环境收益，行政法规或政府规章在环境保护、空气污染防治等方面产生的影响，往往不具有市场价格，难以获得货币价值。因此，通过观察相关产品的数据估算价值的显示性偏好是一种有效而便捷的方法。

3. 陈述性偏好评估方法

当使用显示性偏好评估方法无法找到对非市场商品影响的价值时，使用陈述性偏好评估方法是获得估计值的最简单方法之一。因此，该技术已被广泛用于评估空气和水质、户外娱乐、文化遗产、公共教育的改善以及污染对健康的影响。它主要通过向公众发放问卷，来获取非市场化的商品或服务价格。这种方法依据受访者评估环境、健康和安全水平的变化情况，来衡量消费者的支付意愿。条件价值评估法是最常见的陈述性偏好法，也是衡量规章非市场影响货币价值的通用工具。它不需要公共商品或服务与真正的市场交易相联系，通过构建虚拟市场，询问受访对象是不是愿意为规定商品支付一定数额的金钱，估算商品影响的货币价值。陈述性偏好评估方法还包括选择实验法、条件排序法、条件评分法、配对比较法等。这些方法与显示性偏好评估方法相比，更加灵活，广泛运用到环境和服务的价值评估中。在进行陈述性偏好评估时，应当注意以下步骤。第一，为了获得充足的信息，提高受访者回馈比例，采访的时间要确定在可接受的范围内。第二，初步调查对于完善问卷结构，设计问卷内容有重要作用。第三，支付意愿要结合受访者的预算来提问。第四，选择科学的抽样方法，保证样本数据的全面。第五，调查方式包括电子邮件、电话访问以及面对面的访谈。第六，统计分析结果应当公开透明并且合理进入档案。

4. 收益转移法

如果直接估计特定情况下的收益太困难或需要太多时间，那么可以尝试利用其他人在类似情况下做出的现有估值估计。该方法通常用于健康和环境效益的评价，它主要将一个研究成果的收益、数据等信息转移到另一个条件相同的研究中。例如政府工业联合研究所使用这种分析方法，对降低汽油中硫含量的级别给环境和公众健康造成的影响进行评估。在政府立法收益的评估中，收益转移法要区别不同的评估对象和评估环境，才能保障评估结果的准确性。比如，原始研究地点和效益转移地点具有相同的资源、人口特性和市场条件；两者具有有效、详细而准确的数据，能够展开区域间的有效性比较；研究的时间周期必须是相同的。[①]进行收益转移时应当遵循以下步骤：第一，所选案例研究应该是性质相同的政策，其中规定的商品或服务和社会经济情况包括人口规模、人口特征、经济状况、价值判断等；第二，选择的研究结论应当基于数据的高品质和综合性、健全的理论概念、仔细分析的实证结论；第三，幸福感衡量应当与政策实例相对比。

---

① 赵敏华、李国平：《效益转移法评估石油开发中跨区域环境价值损失的实证研究》，《系统工程》2006 年第 10 期。

(四) 立法成本收益评估指标的优势与不足

加拿大立法成本收益评估指标框架深受美国影响，在结构设计、测量方法方面二者存在诸多相似性。加拿大在借鉴美国评估指标模式的基础上，建立起符合本国实践需求的立法成本收益评估指标体系。由此在实际操作中，两套指标体系的优势与不足也具有某种程度的共性。

具体来看，加拿大立法成本收益评估指标的优势，表现为指标体系结构划分清晰。立法机关分别围绕立法成本和收益两条线，建立起了立法成本指标和收益指标。二者具有明显的因果关系。立法成本是立法过程中各项支出，包括人力、物力、财力等各项资源的消耗。立法者依据法律制定的程序，将立法成本具体划分为直接成本和间接成本。立法收益是立法投入的回报，它具体指法律法规实施后所产生的符合立法目的的各种效果。依据立法影响效果的不同，将立法收益主要划分为经济收益、社会收益和环境收益，基本涵盖了法律产生影响的维度。

加拿大立法成本收益评估指标存在不足之处，则主要体现在具体指标的细化程度和可操作性不强。比如立法的经济收益、社会收益和环境收益指标究竟包括哪些具体的内容，每个收益指标的范围到底有多大。立法者对于这些细节问题，都没有给予详细的说明。此外，立法成本收益评估指标的量化方法也有待进一步改进与完善。由于加拿大的立法成本收益评估以货币量化为导向，操作中需要明确的成本和收益货币价格，以便计算出立法效益。但目前官方所规定的偏好评估法、收益转移法在应用中仍然难以满足实践需求，一些定性指标往往难以直接通过货币化进行有效测度。而且已有测量方法专业性较强，有时评估人员难以熟练运用操作，这也影响到评估结果的准确性和有效性。

三 欧盟法律规制影响评估指标体系

欧盟的法律规制影响评估指标体系，先将法律的影响区分为社会、经济、环境等不同类型，甚至进一步区分为更为细致的子类型，这些具体类型与子类型就成为不同层级的评估指标；最后对这些指标进行具体的成本收益测算与度量，从而形成评估结果。对于欧盟的指标体系模式，可从评估机制的构建、评估指标的内容以及评估指标的量化等方面进行系统化研究。

（一）法律规制影响评估机制的构建

欧盟的法律规制影响评估是时代背景孕育下的产物。2000 年 3 月欧盟各成员国达成"里斯本战略"，承诺加快经济改革，使欧盟到 2010 年成为世界上最具有竞争力的知识型经济体。实现这一战略目标的重要途径就是改进规制，让成员国的企业和个人从行政体制的束缚中得到解放，让利益群体更多地参与法规的制定过程。① 为此，欧盟委员会强调今后所有涉及政府与市场关系的重要立法，都要对其可能造成的经济、环境和社会影响进行评价。

2002 年欧盟委员会颁布第一部正式的法律规制影响评估指引，构建了影响评估的原则、程序和方法，该指引贯彻了欧盟可持续发展战略和规制优化议程的思想，将可持续发展要求与立法程序设计相结合。据统计，在 2003 年欧盟委员会所公布的 580 件立法工作计划提案中，共有40 件提案进行了评估。② 整体来看，欧盟法律影响评估指引更多借鉴美国、加拿大和 OECD 规制评估原则和方法，虽然有一定创新，但可操作性不强，进而影响了评估效果。针对这一问题，2005 年欧盟委员会制定了新的评估指引，对原有评估制度作了重大调整和完善，明确了评估的

---

① 郑宁：《欧盟委员会影响评估机制述评》，《贵州大学学报》（社会科学版）2008 年第 1 期。

② Norman Lee and Colin Kirkpatrick, "Evidence-based policy-making in Europe: an evaluation of European Commission integrated impact assessments", in International Association for Impact Assessment, *Impact Assessment and Project Appraisal*, UK: Taylor and Francis Group, 2006, p. 24.

第二章 域外法律规制影响评估指标体系的考察

基本框架。2006年欧盟委员会设立专门的影响评估委员会，委员们均来自经济、社会和环境领域的研究机构，利用专业知识审查欧盟立法草案形式和内容的合理性。2009年欧盟委员会再次修订评估指引。新修订指引对评估程序、公众咨询及评估指标等内容作了进一步完善，使评估工作机制更加科学和完备。2016年欧洲议会、理事会和欧盟委员会达成了一项关于加强评估合作的协议。根据协议，欧盟议会和理事会在决定立法提案时应充分考虑委员会的影响评估，以更好提高立法质量。2021年欧盟委员会出台《更好规制指南》，进一步优化了评估程序。具体来看，欧盟的法律影响评估程序主要分为以下三个阶段。一是初步的评估阶段，该阶段主要是拟定评估的方案。内容包括：每个分析步骤的信息和影响评估的时间，解释影响评估的必要性和重要性，说明要解决的问题。二是正式的评估实施阶段。运用定性和定量方法尽可能评估所有相关的影响。并通过公众咨询程序，就所有关键方面咨询利益相关者，进行影响评估。三是评估报告完成阶段。每份报告的质量都由一个独立的机构——监管审查委员会进行审查。评估报告必须包括对以下内容的描述：环境、社会和经济影响，包括对中小企业竞争力的影响等方面分析。同时评估报告发送给欧盟立法者、议会和理事会，在决定是否通过拟议的法律时进行考虑。

（二）法律规制影响评估指标的构成及分析

欧盟法律规制影响评估指标主要由经济影响评估指标、社会影响评估指标和环境影响评估指标组成。同时每项指标还下设更具体的子指标。另外，还需要对法案实施所带来的行政负担和守法状况进行评估，并确定法案可能对公民、企业和国家产生的重大行政成本。重大行政成本要根据欧盟的"标准成本模型"进行货币量化，也可以在"行政负担计算器"和"欧盟行政负担数据库"的帮助下，通过类比推理来完成。而守法的分析要结合各成员国的执行状况，尽最大努力确保立法的清晰、简单和具有可执行性。[①]

1. 法律规制影响评估指标的构成

经济影响评估指标。主要包括：第一，内部市场和竞争的作用。该项指标主要考察法律出台对欧盟内部市场机制的影响，包括市场价格变动、供求机制改善、消费者权益保护等事项。通过法律宏观有效调控，保障欧盟内部市场稳定的经济秩序。第二，竞争力、贸易和投资流动。欧盟立法案对于企业的竞争地位有何影响，包括进出口贸易额的变动，以及贸易壁垒的限制和解除。第三，公司或中小企业的经营成本和行为。立法案颁布实施，要认真考量公司及中小企业经营成本的变化，保障中小企业在市场中所占的比重。第四，企业的管理负担。主要指企业的守法成本，特别是新法出台所增加的企业管理费用。第五，财产权。财产权是最典型的经济权益，立法案对财产权影响主要体现限制财产权的获取和流转。创新与研究。欧盟从产权视角对创新与研究进行探讨，强调立法案的实施过程可能推动新的专利和研究成果，提高资源利用效率。第六，消费者和家庭。消费者和家庭是市场经济中最基本的消费单位，政府市场规制法将会对消费者及家庭的收入、购买力、储蓄和投资产生重要影响。第七，数字经济影响。法律实施对数字产业、数据流通、数字技术等方面的影响。

社会影响评估指标。主要包括：第一，就业。欧盟主要从以下几个方面考察法律对就业劳动力的影响：创造新的就业机会，对特定行业产生的消极后果，对劳动力的需求程度，对个人、家庭和职业生活关系的协调等。第二，工作质量。欧盟重点关注就业效益，如工作环境改善、工人权利保障、工作中的技术革新等事项。第三，社会包容和对特殊群体的保护。欧盟一直重视建立和谐社会目标以及弱势群体的保护，尤其在法案制定过程中，充分考虑儿童、老年人、妇女、残疾人、少数族裔

---

① 席涛等译：《立法评估：评估什么和如何评估——美国、欧盟和 OECD 法律法规和指引》，中国政法大学出版社 2011 年版，第 118—119 页。

第二章 域外法律规制影响评估指标体系的考察

等群体的利益,实现法案的公平与正义。第四,改善行政管理。分析法案是否真正影响到政府机构或部门职能与责任,是否影响到媒体监督和伦理问题讨论。第五,公共卫生和安全。包括立法对公民健康和安全的影响,如预期寿命、死亡率和发病率等;以及通过环境污染、能源消耗产生的疾病风险等。第六,个人隐私和家庭生活。指标主要评价立法案对家庭生活以及经济或社会保护产生的影响。第七,改善行政管理。分析法案是否真正影响到政府机构或部门职能与责任,是否影响到媒体监督和伦理问题讨论。第八,公共卫生和安全。包括立法对公民健康和安全的影响,如预期寿命、死亡率和发病率等;以及通过环境污染、能源消耗产生的疾病风险等。第九,犯罪、恐怖主义和安全。相关法律如何抑制恐怖主义犯罪,减少犯罪行为数量,提高公共安全利益。第十,社会保障、卫生和教育系统的影响。法案完善当前欧盟的社会保障机制,同时推动社会、卫生和保健服务的融资与发展。第十一,文化影响。通过三个主要问题来阐释文化影响指标,一是法案对保护文化遗产的影响,二是对文化多样性的影响,三是对公民参与文化表现形式、获取文化资源的影响。

环境影响评估指标。欧盟重点考量法案实施对气候、能源、生物多样性等自然因素产生的作用。具体来看,环境影响评估指标主要包括以下内容。第一,气候。包括温室气体、臭氧物质排放的影响以及人类适应气候变化能力。第二,能源利用。相关立法对煤炭、天然气、核能、可再生能源使用的影响。第三,自然资源质量,包括水、空气、土壤质量带来的变化。第四,生物多样性。是否影响濒危动植物及其栖息的生态区,造成生物多样性减少。第五,土地使用。土地性质的变化,如城乡间土地转化,农业用地转为非农业用地等。第六,可再生和非可再生资源。是否会影响可再生资源的使用,如林木、渔业等资源的开采;是否增加或减少非可再生资源的使用,如地下水、矿产等。第七,企业和消费者环境。如改善资本投资、贷款和保险服务环境,改变企业经营方式，导致企业增加或减少污染。第八，环境风险。主要指火灾、爆炸、意外事故等产生的环境风险问题。

2. 法律规制影响评估指标的分析步骤

虽然欧盟列举了包括社会、经济和环境影响在内的三大指标作为评估内容。但由于实践中，不同类型法案考察对象存有差异，如经济性立法重点分析经济影响，社会性立法重点考察社会效果，环境性立法重点关注环境影响。因此评估过程中，立法机关往往依据法案的具体属性，有针对性地选择适合指标作为评估选项。此外，对于指标没有涉及的内容，立法机关还可以根据评估需要，增设新指标。法律影响评估指标的分析具体包括以下三个步骤。

第一步：识别法案潜在的经济、社会和环境影响，包括产生的原因及影响的群体。经济、环境和社会影响指标为立法者审核法案提供了客观依据。对于每项指标所提出的具体问题，立法者都要认真分析，不应用简单的"是"或"否"来回答。在分析的过程中，重点对不同的社会和经济团体以及现有的不平等影响进行考察，例如比较性别、保护弱势群体等。

第二步：确定更重要的影响指标。首先，明确方案产生的积极影响和消极影响，积极影响就是立法带来的收益，消极影响则为立法消耗的成本。其次，通过假设影响事件发生的概率，来选择指标体系中适用的评估指标。最后，测算每个指标的影响程度，提供合理的影响范围，确定影响评估的重要性。在确定影响时，应该注意以下几点：一是长期影响与短期影响具有同等重要性，影响期限的长短与影响产生的效果没有直接关联；二是要重视影响指标的定性分析；三是法案的影响应结合欧盟条约和欧盟全局性政策的目标展开讨论，例如结合尊重基本权利、促进社会可持续发展等政策要求作为分析的导向。

第三步：对重要影响指标深入分析。该步骤主要对重要影响产生的预期收益和成本实施货币化或量化的分析。其中，对于可货币化指标的收益往往通过市场价格就可获得具体数值;对于不能在市场价格中直接反映的指标成本和收益,可以通过专业方法来计算。

(三) 法律规制影响评估指标的测算方法

评估所选取的指标既包括市场化的影响指标,也包括一些非市场化的影响指标。例如健康或者环境的影响,如果这些影响可以与市场价格联系在一起,那么指标的货币化就相对容易。如果影响的价值不能直接反映在市场价格中,那么就需要通过其他方法量化指标的货币值,包括陈述性偏好和显示性偏好两种方法。陈述性偏好的方法主要通过问卷调查方式,询问被试给定结果的价值问题,即被试愿意为非市场化影响产生的收益或损失支付多少货币。目前,陈述性偏好的方法被广泛运用于环境影响和健康影响的量化评估中,衡量空气质量、水质变化以及健康医疗等方面的价值。显示性偏好方法通过考察竞争市场中消费者的选择来推测偏好,即利用公共品和市场化产品之间的互补性和替代性关系来推断出私人品市场交易过程中归属于公共品的价值。[①] 显示性偏好的方法通常测算环境和社会影响指标,通过量化数值来评价法律实施后的环境效果以及公园或历史建筑的社会价值,旅行成本、享乐价格等都属于常见的显示性偏好方法。

欧盟影响评估指引以健康指标测度为例列举了两类量化评估方法:非货币化方法和货币化方法。货币化方法强调将立法对健康的影响全部转化为便于观测的货币数值,从而进行全面的成本收益分析。虽然用数值衡量生命健康有悖于人类伦理道德,但是通过评估,能够降低对生命健康产生的威胁和风险。非货币化方法产生潜在的争议较少。

非货币化方法:一是质量调整生命年。目前对健康影响的测度分析通常采用以生命统计数据为基础的方法,如死亡率和期望寿命等。但是

[①] 刘蓉、王雯:《从显示性偏好到描述性偏好再到幸福指数——公共品价值评估的几种研究方法述评》,《经济评论》2014年第2期。

这些数据存在不能全面反映人类健康水平的弊端，特别是忽视了慢性疾病等对人类生活质量的影响效果。因此，欧盟采用质量调整生命年的方法，通过测试生命和生存质量，来反映法律规制对健康产生的各种影响，包括心理影响和身体影响等各方面内容。质量调整生命年的计算分为三步：第一，描述健康状态；第二，建立健康状态评分值，即健康相关生命质量权重；第三，整合不同健康状态的评分值和相应寿命。① 二是伤残调整生命年。伤残调整生命年作为一种疾病负担的测算方法，它对人群当前健康状况与完全健康状态下达到预期寿命的理想状况间的差距进行量化。这种方法主要被用于对疾病影响的量化，通过比较各种疾病和不利因素的影响程度，来向健康与环境政策制定者表明特定疾病的产生原因、表现和影响程度。② 三是生命健康年。生命健康年是欧盟统计局设计的人口健康结构性指标，也是旨在提高当前欧盟医疗卫生水平的主要测试标准。该方法通过衡量每个个体在没有疾病情形下的剩余生命期限，来评价个体的健康状态。

货币化方法：一是生病成本法。如果通过医疗降低疾病发生的概率，那么节约的医疗费用可以作为量化收益的数值。如果医疗没能有效遏制疾病，那么支出的医疗费就是花费的成本。二是人力资本法。它是衡量在残疾或早亡情况下人们以后收入减少的工具，该方法同样能够测算，由死亡、残疾和低生产率产生社会福利减少的损失。人力资本法虽然能够较准确量化健康影响的收益，但是评估技术和过程存在固有的缺陷。例如根据人们未来收入评估出不同的价值，没有考量实际情形，对于缺乏劳动力的人们很难适用这种方法。三是统计生命价值。调查个人为降低死亡风险而产生的支付意愿，该方法不能衡量生命本身的价值，而是

---

① 周峰：《三种综合性健康指标比较：质量调整生命年、失能调整生命年和健康期望寿命》，《环境与职业医学》2010年第2期。

② 和沛森、吴群红等：《全球疾病负担测算指标：伤残调整生命年的探讨》，《中国卫生经济》2011年第10期。

将货币价值与支付意愿相结合，估算更高或更低水平的风险。四是统计生命周期。通常用来衡量增加额外一年预期寿命的支付意愿。在实践中，无论是统计生命价值还是统计生命周期，都不是衡量生活质量的方法，全面衡量生活质量的根本途径就是将上述方法结合起来。①

---

① 席涛等译：《立法评估：评估什么和如何评估——美国、欧盟和 OECD 法律法规和指引》，中国政法大学出版社 2011 年版，第 170 页。

第三章 我国法律规制影响评估指标体系的基本设计

法律规制影响评估指标体系的构建及设计，应积极借鉴域外有益经验，同时充分结合我国实际情况。通过对既有指标体系模式的比较分析，整体而言，欧盟的指标体系更具有可操作性。综合考虑，我国法律规制影响评估指标体系框架可具体划分为社会、经济、环境三大类评估指标。同时，这一指标体系的构建思路也契合了中国式现代化的战略要求。基于科学指标的效果测度，有利于更好地评估法律实施情况，进而有助于提升法律实施效果，从而有效推动社会、经济、环境的全面协调发展，不断推进中国式现代化。

一 域外经验之于我国的启示

（一）域外经验的比较

通过上文可知，欧美国家的法律规制影响评估指标体系之间既有共性又存在差异。一方面，评估过程都以政府官方为主导。美国、加拿大的立法成本收益评估制度分别规定在美国总统行政命令和《加拿大规制成本效益分析指南》中。欧盟的法律规制影响评估则主要规定在欧盟委员会出台的《影响评估指引》中。评估活动都需要通过政府部门组织发起，自上而下进行。评估主体也需要参照政府出台的评估指南选择具体

第三章 我国法律规制影响评估指标体系的基本设计

指标。另一方面,评估指标的量化方法具有相似性。评估指标量化均涉及统计学、运筹学和数学模型等多学科方法,专业性技术性较强。鉴于安全、健康和环境等方面评估指标难以直接货币量化情形,美国、加拿大和欧盟在各自指标体系设计中,提出使用专业方法作为货币化测量工具,如陈述性偏好法(条件价值、选择实验)和显示性偏好法(如享乐价格、旅行成本、行为转换和疾病成本等)。例如,评估主体借助偏好法获得消费者的支付意愿和接受意愿,能够有效估算法律实施产生的影响后果价值。当下偏好方法主要适用于公共产品和非市场性产品的价值评估,虽然萨缪尔森较早提出了公共产品基本理论,但对公共产品价值进行实证测量则是晚近的事。法律作为一种典型的公共产品,在公众消费的过程中,其收益的排他性和消费的非竞争性致使其在供给过程中难免出现"搭便车"的问题,所以对法律实施效果进行客观准确评估是保障结论科学性的前提和基础。

评估指标体系的差异主要体现在表现形式不同。具体来看,美国、加拿大的法律规制影响评估指标体系是以立法成本收益指标框架模式进行建构,评估指标体系除了包括立法的社会、经济、环境收益指标之外,还把立法成本也作为评估的一项重要内容。立法成本指标又划分为立法的直接成本和间接成本,测算立法的行政执行成本和公民企业的守法成本。欧盟的评估指标体系则是典型的影响后果评估指标模式,将指标体系分为经济影响指标、社会影响指标和环境影响指标三部分内容。虽然指标体系框架中并没有单独列出立法成本指标,但每个指标又通过设置具体问题的方式来获得公众或企业对评估问题的认同,从而有针对性展开成本收益分析。

(二)欧盟内容和方法的借鉴

由上可知,当前国外法律影响评估指标体系主要有两种模式。虽然美国、加拿大和欧盟指标体系具体表现形式不同,但两种模式最终都是要进行成本收益分析，努力通过货币化来进行客观的比较与衡量，在本质上是相通的。只是，美国和加拿大的指标体系省略掉区分法律不同面向影响这一环节，当然这一省略仅仅是指标建构和表述层面的。具体评估过程中，肯定要测算相关法律在不同面向上带来的成本收益。由此可见，从技术上分析，欧盟的指标方式应该更具明晰性与可操作性，有助于人们首先注意法律在多个面向的影响，进而进行全面的成本收益衡量，避免遗漏某些层面。而且也有助于相关指标在不同领域进行有针对性的排列组合，增强指标的实用性。因此，结合国外的评估经验以及我国实际情况，追求评估指标技术上的模块化以及评估结果精确化的目标。我们借鉴欧盟指标体系模式，将立法产生的影响效果主要区分为三大类：社会影响、经济影响和环境影响。在此基础上，将我国法律规制影响评估指标具体划分为社会影响效果评估指标、经济影响效果评估指标和环境影响效果评估指标三大一级指标。并在此一级指标的基础上再进一步细化为不同层级的子指标，从而构建起科学、系统、多层级的有效指标体系。

（三）立足本土化的设计

我国法律规制影响评估指标体系应当在借鉴国外评估指标体系的基础上，融入中国法治实践状况的考量，使指标体系能够切实反映中国问题。由于立法体制与社会环境的差异，我们对域外指标内容不能不加改变地直接引入和适用，应充分结合我国实际情况予以构建，形成一套切实可行的指标体系。如上文所述，欧盟的指标体系在框架上分为经济、社会、环境三方面，并且每部分具体指标设计都立足于欧盟实际，主要体现了域外的关注点与主流方向。例如，市场经济的自由化程度以及公民政治权利的保障是评估指标考察的重要内容。这些具体指标从欧盟自身的立场出发，反映出欧盟成员国对法案实施所关心的最主要问题。但这种指标设计模式并不具有普适性，其本身具有立足于国情的指向，并

第三章　我国法律规制影响评估指标体系的基本设计

不一定契合我国的实际情况，也难以有效衡量我国法律的实施效果。例如，涉及市场经济的影响评估，我国立足于社会主义市场经济，这与欧盟存在本质区别，若完全照搬指标模式，则不符合我国社会经济的发展条件。若将其作为评估指标来考察我国立法质量，并对相关法律法规进行修改与调整，则会影响法律适用的效果，也不利于法律之间的统一性和协调性。

具体来看，我国法律规制影响评估指标体系在构建的过程中，应坚持以下两项基本原则。第一，在指标体系大的框架上，全面借鉴欧盟指标体系的模式，具体划分为社会、经济和环境影响三个维度，并作为一级指标。该种划分理念也是美国、加拿大指标体系所体现的共同特征，它们基本从这三个维度评价法律的影响效果。所以这是普适性的域外经验所在，值得我们认真学习和借鉴。第二，在每部分具体指标内容的设计上，包括二级指标和三级指标，要尽量反映国内现实问题，全面体现我国法律实施的影响效度，这也是具体指标的特殊性所在。

二　法律规制影响评估指标体系的核心内容

法律的社会影响评估指标主要衡量和评价法律实施对社会发展的影响后果。不同于经济以及环境的影响，社会影响有其自身的脉络导向，主张社会资源的合理配置与分配，以实现社会的均衡状态与持续发展为目标。聚焦法律的社会影响的评估指标，主要测度法律实施对社会状态与发展的影响后果。法律对社会的影响较为广泛复杂，难以穷尽和列举所有的社会影响因素。对此，可选择最主要也是最具代表性的社会影响因素作为评估指标要素。这些具体指标应充分反映我国社会实际情况，如此法律规制影响评估指标体系的设计，更契合我国社会实践需求。

法律的经济影响评估指标旨在用来衡量和测度法律实施对经济发展产生的影响后果。"在现有的经济和社会条件下，在资源稀缺的背景下，促进经济效益的最大化，无疑是衡量法律和政策的重要指标；能否节约社会成本，能否促进经济增长，也成为评估立法质量的重要标准"[1]。我国的市场经济模式与国外有所不同，一方面，强调科学宏观调控的重要性。科学的宏观调控、有效的政府治理是发挥社会主义市场经济体制优势的内在要求。另一方面，又要充分发挥市场在资源配置中的决定性作用。高水平社会主义市场经济体制是中国式现代化的重要保障。必须更好发挥市场机制作用，创造更加公平、更有活力的市场环境，实现资源配置效率最优化和效益最大化，既"放得活"又"管得住"，更好维护市场秩序、弥补市场失灵，畅通国民经济循环，激发全社会内生动力和创新活力。高水平社会主义市场经济体制发展离不开法治的保障和引领。[2] 在科学立法的指引下，一方面，各个市场主体都必须遵循明确的行为规范，在法律法规的框架内参与经营活动。另一方面，有效避免政府权力滥用，厘清责、权、利的边界，确保权力在阳光下运行。因此，法律的经济影响评估指标体系的构建，应聚焦"构建高水平社会主义市场经济体制，充分发挥市场在资源配置中的决定性作用，更好发挥政府作用"，充分考虑高水平社会主义市场经济体制的目标要求。

法律的环境影响评估指标主要用来测算和评价法律实施带来的环境影响后果。法律制度对生态环境具有多方面的深刻影响，生态环境问题涉及政治、经济、社会、文化、科技等多层次多维度的因素，具有复杂性。生态环境问题不仅仅是自然问题、技术问题，制度也与其紧密相关。生态环境问题的解决，不能局限于自然层面的技术治理，从治理的长效化角度，更需要构建完善的制度体系。法律的环境影响评估指标的构建，旨在科学测度法律制度执行的实际生态环境承载力，及时评估法律制度

---

[1] 孙晓东：《立法后评估的一般指标体系分析》，《上海交通大学学报》（哲学社会科学版）2012年第5期。
[2] 《中共中央关于进一步全面深化改革　推进中国式现代化的决定》，人民出版社2024年版，第4页。

对生态环境的影响,从而为经济社会发展创造良好的环境条件。法律的环境影响评估指标构建,有助于激发地方政府在生态环境保护中的适应性、主动性和创造性,拓展市场和社会的参与空间和能力,塑造地方环境法治体系以及更均衡的央地治理体系,最终推进依法治理与有效治理的有机统一。[①] 通过科学指标的评估,能够准确测度法律实施带来的环境影响及其风险,据此对不适应生态环境保护形势的法规及时修改完善,全面提高立法质量和实效,从而持续完善环境治理体系,不断提升政府环境治理现代化水平,实现生态效益与经济效益、社会效益的良性契合。

三 法律规制影响评估指标体系划分的依据

法律规制影响评估指标体系具体划分为社会、经济、环境三大类评估指标,同时还进一步满足了法律评估技术和价值两方面的追求。从技术操作的层面看,三大指标体系可以相互组合形成不同的模块,便于评估和分析不同类型法律产生的影响效果。从评估的价值层面看,全面系统地评估法律的社会、经济和环境影响,有助于实现立法效果与社会环境的协调,从而推动可持续发展战略的有效实施。

(一) 不同模块化的评估组合

社会、经济、环境三分的指标体系,在评估中构成了不同模块化的组合,便于评估者分析和评价不同类型法律产生的具体影响。虽然法律影响评估指标体系属于一般意义上的评估指标体系。通常法律都应进行社会、经济和环境影响三方面的评估。但在实践中,由于某些法律法规调整社会关系的单一性,它们所产生的影响往往集中在其中一方面或两方面。例如,宪法主要规定国家机构的组成、权力与义务的划分、国家

[①] 王玮:《用地方立法推动治理诉求形成良性互动》,《中国环境报》2020年3月17日第8版。

和公民的关系等基本问题。① 这些调整对象都属于宏观性、原则性方面的关系。因而，宪法性的法律法规主要对社会和经济方面产生影响，包括选举法、组织法等，它们的实施很少涉及环境问题。

面对以上特殊的情形，评估者可以根据这些法律的特点，自由选择评估所需要的一方面或两方面指标。其中，社会性法律法规主要考察社会和经济影响指标，经济性法律法规主要应用经济影响指标内容，环境法律法规重点评估环境影响的效果。所以，社会、经济和环境影响的划分，形成了不同模块的评估组合。这三部分的模块既可一并适用，也可两两搭配适用，还可以单独应用，模块组合充分保障了指标体系的灵活性。多层次模块化的多种组合方式可以应对法律产生的一般影响和特殊影响，从而提高评估效率，保障评估结果的准确性。整体来看，指标体系最大程度上反映法律法规实施产生的影响后果内容，基本涵盖所有类型的法律及其在不同面向的影响，构建完整评估系统。

（二）符合可持续发展的要求

"可持续发展"是世界环境与发展委员会在1987年《我们共同的未来》报告中提出的全新概念。从表面来看，可持续发展指的是既满足现代人需求又不损害后代人满足需求的能力。其中既包含生态建设、环境保护方面相协调发展，还包括经济可持续发展、社会可持续发展等深层内涵。其中，生态可持续发展是基础内容，经济可持续发展是重要条件，而最终目的在于全面推动社会可持续发展。这三项内容相互影响、相互制约。② 在可持续发展的视角下，人类社会发展的目标应是经济可持续发展、社会可持续发展和生态可持续发展的全面健康发展状态。

我国政府早在1992年就编制了《中国21世纪人口、环境与发展的

---

① 张千帆主编：《宪法学》（第三版），法律出版社2014年版，第18页。
② 薛雄志、岙涛、洪华生：《战略环境评价的国际研究动向》，《上海环境科学》2004年第2期。

白皮书》，积极履行联合国大会的《21世纪议程》要求，并以此作为中国可持续发展总体策略、计划和方案。随后党的十五大、十六大报告均将可持续发展作为重要议题，强调可持续性发展是现代化社会建设中所必须坚持的战略。2012年国家发展改革委对外正式发布《中华人民共和国可持续发展国家报告》，进一步明确了我国当前推进可持续发展的总体思路，提出在深化体制改革的前提下，以保障和改善民生为核心，转变经济发展结构，建立资源节约型和环境友好型的社会。党的十八大以来，以习近平同志为核心的党中央继续把可持续发展的思想融入中国特色社会主义事业总体布局中，并将生态文明建设提升到前所未有的战略高度，建设美丽中国，实现中华民族永续发展的目标。习近平总书记站在中华民族永续发展的战略高度，创造性提出一系列富有中国特色、体现时代精神的新理念、新思想、新战略，形成了创新、协调、绿色、开放、共享的新发展理念。[①] 正是源于我国当下对可持续发展理念的要求，源于对可持续发展的社会期待及其多方面要求，应将立法作为可持续发展战略具体化、规范化的最权威制度形式，相关立法是实现可持续发展的重要制度保障。可持续发展战略要求所有的政策、规划和计划以至项目都应在包括生态环境、社会和经济的广泛领域得到平衡而协调的考虑。通过对法律制度的经济、社会和环境影响进行评估，及时调适法律效果与社会实践，不断提升二者的相互适应性，及时提高立法质量和实施效率，降低制度试错成本，从而推动经济、社会和环境的可持续发展。

[①] 陈杨：《从持续收获到永续发展——可持续发展理念的近代源流与中国道路》，《福建师范大学学报》（哲学社会科学版）2024年第3期。

第四章 法律的社会影响评估指标

法律的社会影响评估指标的构建，前提是必须厘清相关范畴，并对相关概念予以界定。法律的社会影响评估，首先是社会影响评价技术在法律领域中的应用和拓展，聚焦到对社会影响后果的预测及评价。法律社会影响评估重点围绕评估指标体系这一核心范畴，具体而言，指标体系主要由社会就业影响指标、公共服务影响指标、社会价值影响指标等构成。借助评估指标体系的测评，有助于评估可操作性的提升，实现社会影响评估的科学量化，准确反映社会影响情况，从而彰显了评估的实践价值。

一 法律的社会影响评估的界定

党的二十大报告明确指出，"增进民生福祉，提高人民生活品质"。制度激励，特别是法律制度，是保障和改善民生的重要制度进路。制度激励的效果，则需要科学化、合理化评估，并以此为基础进一步完善制度。《立法法》在国家立法层面正式提出开展法律评估的工作要求，开展法律评估需要构建一套科学的评估指标体系，评估指标体系成为法律评估的关键要素。政治、经济、社会与环境，是法律评估指标体系构造的不同指向，社会指向是一个不可忽视的重要因素。"社会可以理解为一个自身不断再生产、自我组织的系统，这个系统位于更广泛的竞争、专业化和普遍化的全球生态大系统之中。"① 法律社会影响评估指标旨在通过建立一套容纳社会影响的测度指标,对现行法律或拟议中的法律草案已经产生或可能产生的社会影响进行系统分析、预测与评价,提供立法与不立法、选择一种方案或者放弃另一种方案的科学依据。法律社会影响评估指标体系的构造与实践,有助于提升法律评估的可操作性,进一步深化评估过程的科学性与客观性。借助于科学有效的法律社会影响评估指标体系,在确保实现立法社会预期的同时,也降低了法律的社会风险。正是在这多维价值彰显与促进中,法治社会建设才更具有可能性。

(一) 实践语境下的法律社会影响评估

目前,我国法律的社会影响评估尚处于起步阶段,对于法律社会影响评估的研究只有一些间接或零散的成果。这些研究成果主要体现在以下几个方面:一是在研究法律评估的过程中涉及社会影响评估指标问题。二是研究与之有关的政策社会影响评估、规划社会影响评估理论。在实践层面,法律社会影响评估也只是个别的适用,而缺少系统化、规范化、科学化的展开。例如,从2004年国务院出台《全面推进依法行政实施纲要》开始,要求"政府立法项目不仅要考虑立法过程的成本,还要研究其实施后的执法成本和社会成本"。到2007年海南省人民政府办公厅制定《关于开展立法成本效益分析工作的实施意见》,提出"政府立法项目,应当从立法成本、社会成本、社会效益等方面进行立法评估",再到2015年修订的《立法法》第三十九条明确要求,"全国人大常委会的工作机构可以对法律实施的社会效果和可能出现的问题进行评估"②。虽

---

① [德] 沃尔夫冈·查普夫:《现代化与社会转型》,陆宏成、陈黎译,社会科学文献出版社1998年版,第141页。
② 2023年,第十四届全国人民代表大会第一次会议对《中华人民共和国立法法》进行修改,新修改的《中华人民共和国立法法》第四十二条明确规定"常务委员会工作机构可以对法律草案中主要制度规范的可行性、法律出台时机、法律实施的社会效果和可能出现的问题等进行评估"。

然这些法律规定都对开展法律的社会影响评估工作作出了具体要求。然而这十多年来，我国立法活动真正涉及法律社会影响评估实践的依然比较少。当下仅有海南省、广东省等地的立法机构曾开展过该项评估活动，但也由于各种技术上的原因，致使评估结果不够理想。大部分地方的立法机关仍旧以传统的法律评估为主，主要衡量和评价一部法律的合法性、合理性、协调性、可操作性和规范性等问题，而缺少对社会影响后果的评估。当然，这些方面的考察固然有其存在的意义和价值，但无法为法律内容的实质改进提供指导。

与此同时，以美国、加拿大和欧盟为代表的发达国家，立法机关都密切关注法律项目对社会人文环境等方面的影响。并在此基础上，开展专门的法律社会影响评估活动。通过评估，提升立法的社会适应性，从而保障立法质量与水平。例如美国早在1970年的《国家环境政策法》中就有规定，"对涉及联邦土地的开发项目和政策，还要考虑备选方案的社会影响，包括文化和人类环境的影响，使土地利用在生态环境和社会文化方面变得更加合理、可持续"。将社会影响因素作为衡量法律方案能否通过的重要依据。随后，加拿大、欧盟也都出台各自文件，加强对法律实施社会影响评估实施的保障。特别是欧盟委员会2009年制定颁布的评估守则《影响评估指引》，更是为立法主体的评估活动提供了具体的操作标准和规范依据。《影响评估指引》不仅规定了法律的社会影响评估，还规定了法律的经济影响评估及法律的环境影响评估等多种类型。评估守则根据不同类型评估的需求，分别设计了一套具体可量化的评估指标体系。其中法律的社会影响评估指标涉及对公众健康、就业状况、家庭生活、公共安全、弱势群体保护等方面的考察。[1] 指标的范围涵盖社会生活的方方面面，从而全面衡量一部法律实施的社会影响后果。

综上可知，法律社会影响评估已成为很多欧美国家立法的必经程序。

---

[1] 席涛等译：《立法评估：评估什么和如何评估——美国、欧盟和OECD法律法规和指引》，中国政法大学出版社2011年版，第107—111页。

特别针对事关民生领域的重大立法项目，立法机关依据指标体系，借助数学、计量学、统计学、计算机科学等学科知识开展评估，从而为法律规则的合理设计提供参照和依据。"我国民生问题立法从传统上讲，具有行政高权主导的特性，这种以行政系统为主体和主导的模式有自身的优势，但同时也存在明显不足，这制约了民生问题立法的法治化。"[1] 在这个层面上，法律社会影响评估理论框架具有极为重要的实践意义与价值。特别是在我国转型法治发展进程中，由法律之治转型到良法善治过程，需要我们进一步完善立法程序来保障良法供给。而社会影响评估无疑是一项经得起实践证明的可行举措。立法主体通过预测、评价立法项目与当地社会人文环境之间的相互影响和适用程度，将社会可持续发展目标和对社会因素的关注纳入立法决策过程，提出更加科学合理及社会可接受的建议。同时，它也有助于进一步提升立法质量，尽早预防、避免或缓解消极的社会影响或社会问题。

（二）法律社会影响评估的渊源及范畴

理论渊源上，法律社会影响评估是社会影响评价在法律领域中的应用和拓展。社会影响评价作为一项重要的决策评估技术，目前在国外已经广泛地运用到金融投资、行政审批、建设项目、政策规划等一系列的领域中[2]。通过开展有针对性的评估，进而增强政府决策的可接受性，避免之前由于决策过程闭塞、沟通信息不畅，出现的各类社会矛盾。因此澳大利亚学者 Frank Vanday 认为，社会影响评价是包含了一套知识、

---

[1] 张淑芳：《行政法治视阈下的民生立法》，《中国社会科学》2016 年第 8 期。

[2] 社会影响评价（Social Impact Assessment）是对于政策、项目、事件、活动等所产生的社会方面的影响、后果，进行事前与事后的分析评估的一种技术手段。通过运用社会科学的知识和方法，来分析政策或项目可能带来的社会变化、影响和结果，并提供一定的对策方案。该技术已广泛运用在欧美国家和一些国际组织如世界银行等，它们要求对国际投资项目、国家财政项目的审批必须进行社会影响评价。而该技术目前在我国的应用仍处于起步阶段，适用的领域较少，研究成果也较缺乏。参见李强、史玲玲《"社会影响评价"及其我国的应用》，《学术界》2011 年第 5 期。

技术、价值的新范式。作为一项政策研究的方法工具，其主要目的是使人类生活环境更可持续、更平等。① 因而，社会影响评价理念核心就是以人为本，将人的诉求与人的价值放于首位。无论工程、项目，还是决策、计划，它们的目标都是为了获得受影响区域的人们对社会环境变化的理解与认同，并确保计划施行能够获得利益相关者的识别和咨询。社会影响评价明确了行动方案对个人、组织和社会宏观系统产生的影响，使决策变化与社会的需求相一致，并为决策的合理设计提供具体导向和指引。② 其根本目标在于，实现决策的社会成本最小、收益最大化，从而让决策者做出更好的策略。③

与传统的法律评估不同，法律的社会影响评估重在评价法律实施产生的社会后果。由于任何法律的运转都不是在绝缘状态下进行的，无论是立法阶段、执法阶段还是司法阶段，它总是同外部的社会环境发生紧密联系。因此通过对外部影响后果考察，从而为立法主体提供一定的对策方案，增强立法的协调性与适应性，实现社会有效管理。当然这种外部影响后果范围可能涵盖社会的多方面，诸如政治、人口、文化、环境等一系列因素。而要想准确界定社会影响后果的范围，目前还是一个理论难题，学界无人论及。正如法国社会学家卢曼所言，"虽然'社会'是一个用旧了的概念，但要另找一个概念来指称指定对象，并足以精确表达诸理论目的，看起来还是无功而返"④。而在评估的时限上，法律的社会影响评价既可适用于立法前，还可以适用

---

① 胡戎恩、石东坡：《立法进程社会评价机制的建立与完善——以〈人口和计划生育法〉缺失为例》，《甘肃政法学院学报》2013年第5期。

② Henk Becker, "social impact assessment", European Journal of Operational Research, Vol. 128, No. 2, 2001, p. 311.

③ Frank Vanclay, "conceptual and methodological advances in social impact assessment", in Henk Becker, Frank Vanclay, The International Handbook of Social Impact Assessment, UK: Edward Elgar Publishing, 2003, p. 1.

④ 郭强：《双重抛弃：社会与社会学的张力　兼与肖瑛商榷》，《社会》2010年第3期。

第四章　法律的社会影响评估指标

于立法中和立法后阶段。社会影响评价贯穿在整个立法的过程中，在各个阶段都发挥不同的功效，从而彰显出更多的实用性价值，促使法律产生的社会效应趋向最优。

法律的社会影响评估属于法律评估的一种重要类型。从法学意义上讲，法律的社会影响评估借助评估的方法对某种立法的社会影响后果进行预测及评价，保障所立之法的合理性，从而降低法律实施中产生的社会风险问题。它把社会影响评价的理念运用到立法的决策及事后评估当中，进一步拓宽了社会影响评价的适用场域。因而，在立法过程中确立社会影响评估制度，有助于提升法律内在的合理性、适应性与包容性，有效破解社会转型期遇到的各类社会问题，加快推动我国法治社会建设的进程。法治社会建设是党的十八大以来，党中央做出的又一重大战略部署。它与法治政府、法治国家一并构成了法治中国的核心要义。"法治社会是与法治国家、法治政府既有联系又有区别的一个重要概念，是新时代建设法治强国的重要组成部分。法治社会意指社会的法治化，即一种秩序化的社会状态"[1]。法治社会必然要求以法律制度来对社会活动进行规范和调整，通过立法、执法、守法、司法等一系列法治运行环节构建和维系公平、有序、稳定、规范的社会状态。[2] 因此，通过开展有效的法律社会影响评估，分析和评价法律实施产生的社会问题，及时改进与社会发展不相适应的法律规则，也有助于更好地维护社会秩序、保障社会公共安全。而有效的评估就需要构建一套科学的、可度量的、反复适用的社会影响评估指标体系。立法主体通过采用一套科学有效的评估指标体系，能够使得法律社会影响评估更具针对性和可操作性，更为科学和准确。通过评估测度法律对社会、环境等方面的影响，为法律改进提供可靠的参照。

---

[1] 陈梁：《论法治社会建设及其地方性含蕴》，《领导科学论坛》2024 年第 5 期。
[2] 方世荣：《论我国法治社会建设的整体布局及战略举措》，《法商研究》2017 年第 2 期。

二 法律社会影响评估指标的框架体系

法律的社会影响评估指标作为衡量法律社会后果的基本工具。在具体构建上，必须首先对指标的内涵及其属性予以界定，从而在此基础上构建一个内部相互链接、具有不同层次的社会影响评估指标体系。另外在整体上，还须注重分析指标体系的外部价值，通过外部功能的定位，进一步提升指标体系适用的可行性与适用性。

（一）法律社会影响评估指标的内涵

法律的社会影响评估指标具体测度法律产生的社会影响后果。评估指标将抽象的社会影响因素予以提炼和概括，围绕评估目标，应尽可能全面客观展现法律制定实施对社会发展带来的影响状况。评估主体选择评估指标应注重如下两方面基本要求，一是可理解性。包含过多专业性指标或包含很多复杂指标的评估结果只能被少数人理解，所能起到的作用就比较有限。因而需要将专业性较强的指标转化为通俗易懂的指标进行表述。二是完备性。评估指标设计应以确定评估标准为依据，尽可能用多个指标界定评估标准，使评估标准内涵得到充分揭示。

"科学的指标既有客观指标，也包含主观指标，还可能存在主客观交叉指标。评估指标应当符合明确性、可测量、可实现、相关关系等基本要求。保障评估指标科学的前提是它具有客观性。客观性要求尽可能将包含客观因素的指标纳入指标体系，并增加客观指标在评估体系中的权重比例"[1]。同时法律的社会影响评估指标也关涉人的心理、情感、感受、评价等主观性。所以，还应当适当增加主观指标的数量比重。尤其是社会影响评估指标的设计和取舍则是一个从客观到主观的过程。当下人类社会许多现象都由人为因素导致，而且它们与国家、社会、民族、

---

[1] 杨婷：《法治社会建设评估研究》，博士学位论文，中共中央党校，2021年。

科学等关系极为密切。作为衡量社会影响后果的工具，法律社会影响评估指标设计必须坚持主观与客观的统一。与此同时，"评估指标"明确了评估对象的某一特征概念，也反映了评价对象的数量关系，具有定性和定量识别的双重作用。实践中评估指标所测量的一些社会问题，由于目前社会化统计数据尚不完备，需要进行定性分析。因此，评估指标选择应充分结合所评估的法律法规特点与信息数据采集条件，在可能情况下应尽量采用定量指标来描述。当然，有时受客观条件限制，我们仍然需要定性指标，坚持定性指标与定量指标相结合。

（二）法律社会影响评估指标体系的框架

法律的社会影响评估指标体系构建一定要基于不同类型的社会影响，并在此基础上选择适合的指标进行评价分析。但由于法律产生的社会影响是一个极为复杂的综合系统。到目前为止，学界还无人能对社会影响的范围予以清晰的界定。在此我们认为，社会影响是指公共或私人行为改变人们生活工作和休闲方式带来的后果，它包括就业、收入、生活方式、文化、社区等多方面的要素。社会影响不同于经济影响以及环境的影响，它主张将社会资源分配给不同的人群，进行合理配置，以实现社会的和谐发展目标。因此，评价社会影响的核心思想要以人为本，评估的内容既包括人们日常生活、工作、娱乐等方式，也要涵盖人的道德、文化、信仰等观念的变化。因而评估指标体系将是一个涵盖多方要素的社会后果评价组合。

具体来看，法律的社会影响后果主要包括对人口、文化、政治、道德等方面的影响内容。依据影响后果的范围，法律的社会影响评估指标体系可由社会生活影响、社会就业影响、公共服务影响、社会基本价值影响以及社会保障影响等指标构成。[1] 其中，社会生活影响指标测度和

---

[1] 李志强：《论我国法律的社会影响评估指标体系的构建》，《北京警察学院学报》2017年第2期。

评价法律实施对人们生活领域,诸如生育、住房、交通等方面的影响。社会就业影响指标测度法律出台对就业状况,包括就业质量、就业数量、就业环境等方面的影响。公共服务影响指标衡量和测度法律实施对政府公共服务,如科技、教育、文化等方面的影响。社会基本价值影响指标测评法律实施对社会道德风尚,即社会道德水平、社会秩序、社会公平正义等的影响。社会保障影响指标主要测度法律实施对社会保障体系,内含社会救济、社会保险等方面的影响。以上这几部分指标基本涵盖了一般性法律产生的社会影响后果。

(三) 法律社会影响评估指标体系的功能

法律的社会影响评估指标体系是一套独立、完善的评价体系。首先,法律的社会影响评估指标体系价值应定位于对社会变迁所作出的测度功能。社会中的人口、环境、文化、道德等构成要素由于受到法律政策影响而往往发生结构上的变化。因此我们需要一套完整的工具进行测评,区分不同性质的影响,并做出合理规划,从而确保社会稳定。指标体系则通过具体评估指标,对拟制法律案的社会影响进行预判,从源头上减轻或避免消极的社会后果,努力推动科学立法实施,保障社会结构的合理性。其次,评估指标体系强调对社会科学知识的生产、社会的运行与管理职能等发挥的控制和导向作用。[1] 法律的社会影响评估指标设计基于法律理性的控制工具主义,充分发挥立法的导向功能,分析和评价受立法影响的社会状况,并对出现的问题予以协调和处理,使社会秩序始终在法律框架内有效运转。最后,法律的社会影响评估指标体系也是评估法律法规合理性的重要标准。法律的实施效果需要与社会发展需求相适应,法律与社会体系紧密关联,法律生成并完善于社会体系之中。因而立法的合理性主要表现为与社会发展适应性,通过指标体系,系统开

---

[1] 彭宗超、李贺楼:《社会指标运动源起、评价及启示》,《南京社会科学》2013年第6期。

展社会影响评估对法律制度科学构建及完善具有重要意义。

三　法律社会影响评估指标的具体内容

法律的社会影响评估指标作为一级指标，共设置5个一级指标和20个三级指标。这些指标之间联系密切，形成了逻辑自洽、结构缜密的评估体系。同时，每个指标都围绕具体构成和测量方法展开详细的逻辑分析。

（一）社会生活影响指标

依据影响主体不同，社会生活影响指标细分为居民生活影响、家庭生活影响、社区建设影响三项具体指标。

一是居民生活影响指标。该指标可通过恩格尔系数、幸福感指数、诚信指数、压力指数、安全感指数、居民消费指数、人均住房面积、受教育率、居民收入、平均预期寿命、可支配性收入等数据进行测算。

二是家庭生活影响指标。该指标可通过离婚率、孤儿收养比例、资源节约指数、生育率、家庭生活照明用电量、家庭储蓄余额、每万家庭拥有的车位数、家庭生活满意度、居民家庭电脑使用率等客观数据进行测度。

三是社区建设影响指标。该指标可通过城市燃气普及率、小区生活垃圾无害化处理率、社区幼儿园数量、社区医院数量、社区居委会选举率、社区各类服务设施开放率等数据来衡量和评价法律实施对社区发展的影响。

（二）社会就业影响指标

社会中的就业问题离不开法律的保障。科学立法能有效解决就业过程中的不合理现象，提供公平的就业机会，保护劳动者的基本权益。社会就业影响指标的提出，有利于有效测度法律实施对就业影响的状况。鉴于该指标的重要性，我们选取劳动者待遇、职业培训、就业质量、就业数量以及工作环境，作为下一级指标。

一是劳动者待遇指标。该指标可通过住房补贴、通信补贴、交通补贴、子女教育补贴、工作报酬等数据进行测算。

二是职业培训指标。该指标具体可通过组织培训次数、就业培训人次、再就业培训人次等数据进行测评，衡量相关立法对职业培训的实际影响。

三是就业质量指标。该指标可以从社会保障、劳动关系、聘用条件等方面开展就业质量评价，包括就业率、起薪率、社会认可度、就业结构、住房补贴、通信补贴、交通补贴、子女教育补贴、每年加班次数、工作报酬等。

四是就业数量指标。该指标具体可通过城镇登记失业率、大学生就业率、失业率、再就业数量、自主创业率等数据进行计算。

五是工作环境指标。立法对工作环境改善应以保障劳动者的工作环境权为核心，明确政府、企业、劳动者在工作环境治理中的义务和责任，建立规范的劳动安全卫生监督机制。具体分析，工作环境影响指标可以选择劳动者的工作场所、办公条件、身体健康状况等作为观测点，以便观察工作环境状况发生的变化。

(三) 公共服务影响指标

公共服务影响指标衡量和测度法律实施对政府公共服务，如科技、教育、文化等方面的影响。为此，我们选取文化、教育、公共安全、公共卫生等作为下设的三级指标。

一是文化发展影响指标。该指标可通过文化产业财政支出比例、广播（电视）节目人口覆盖率、图书种类、广告业收入、出版业收入、文化产业占国内生产总值比重、文化遗产保护数量等观测点进行测算。

二是教育水平影响指标。该指标可通过义务教育升学率、预算内教育经费占财政支出比例、学校学生人均预算内公用经费、高等教育每十万人口平均在校学生数等观测点进行测度。

三是公共安全影响指标。该指标可通过社会安全指数、每季度食品药品安全事故发生量，每月交通事故发生量、每季度社会治安案件发生率、非正常死亡率、火灾发生率、每万人口警察数等观测点进行评价。

四是公共卫生影响指标。法律实施对公共卫生产生的影响，该指标可通过以下数据进行测度，包括农村自来水普及率、病理检查与临床诊断符合率、每10万人口甲乙类法定报告传染病发病率、每千人口医生数、医疗卫生支出占财政支出比例、婴儿死亡率等。

（四）社会基本价值影响指标

社会基本价值影响指标细分为以下几个具体指标进行测度，包括社会道德水平、良好社会风尚、公民法治意识、公民权利、社会公平正义、个人自由和个人尊严等。

一是社会道德水平指标：社会道德相对于个体道德而言，它是以规范和调整社会层面各类关系为目标的行为。由于社会道德水平属于定性指标，对该指标产生的影响应以定性分析为主，在此我们不再列举定量分析的观测点。

二是公民法治意识指标：该指标属于定性指标，对该指标所涉及的内容，我们可采用定性分析的方法，阐述法律实施对公民法治意识带来的变化。

三是公民权利保障指标。对该指标测度，我们采取定性分析与定量分析相结合的方式。一方面，通过有关统计数据来认识和评价。另一方面，对于一些难以用统计数据进行分析的权利领域，我们可以采取定性评估的方式，对公民权利的实际影响开展分析和评价。

四是社会公平正义指标。该指标的评价应以定性分析的方式展开，描述法律法规实施对社会公平正义产生的影响。

(五) 社会保障影响指标

社会保障影响指标主要测度法律实施对社会保障体系，内含社会救济、社会保险等方面的影响。为此，我们选取社会保险影响、社会救济影响、社会福利影响、优抚安置影响以及社会互助的影响作为下一级具体指标。

一是社会保险影响指标。对于社会保险影响指标的测评，可通过养老保险覆盖率、失业保险覆盖率、医疗保险覆盖率、工伤保险覆盖率和生育保险覆盖率，养老金替代率、养老保险基金结余率、医疗保险支付率、医疗保险基金结余率、失业保险基金结余率、工伤保险基金结余率和生育保险基金结余率等数据作为观测点进行评价。

二是社会救济影响指标。该指标可选取城镇贫困指数、城镇居民最低生活保障平均标准、农村贫困指数、农村贫困线标准、城乡贫困户救助、自然灾害救助次数和金额、孤寡病残救助人数等数据作为观测点进行测算。

三是社会福利影响指标。该指标可采用定量分析方法进行测度。具体可通过城市孤儿院（养老院）数量、每万人社会福利机构从业人员数、农村养老保险覆盖率等作为观测点进行评价。

四是社会安置影响指标。对于该指标评价采取定量分析与定性分析相结合的方法。定量分析可通过社会安置人次数、安置事业机构费、优待金额、人均享受金额、安置事业费、社会安置占财政支出的比例等作为观测点进行计算。

表 4-1　　　　　　法律影响社会评估指标体系

一级指标	二级指标	三级指标	评估值
法律社会影响评估指标	社会生活影响	居民生活影响	定性
		家庭生活影响	
		社区建设影响	
	社会就业影响	劳动者待遇影响	定性或定量
		就业质量影响	
		就业数量影响	
		工作环境影响	
	公共服务影响	文化发展影响	定性或定量
		教育水平影响	
		社会安全影响	
		公共卫生影响	
	社会基本价值影响	社会道德水平	定性
		公民法治意识	
		公民权利保障	
		社会公平正义	
	社会保障影响	社会保险影响	定性或定量
		社会福利影响	
		社会救济影响	
		社会安置影响	

四　法律社会影响评估指标的实践价值

法律的社会影响评估指标体系在实践中彰显了多元化的价值与功能。一方面，指标体系的构建使法律的社会影响评估具有了可操作性，为测量法律的具体影响后果提供了方法和依据。另一方面，指标体系的应用又进一步提升了评估结果的准确性与量化性，改进和完善我国的法律评估工作，从而有助于推动法律制定过程的科学性与客观性。

第一，提升法律社会影响评估的可操作性。据我们之前的调查统计发现①，很多地方立法机关由于各种技术上的原因，如评估指标较抽象、评估数据较难获取、评估指标较难量化等，都加剧了该项工作实施的难度。而构建一套科学有效的评估指标体系，能够有效解决以上问题，使得法律社会影响评估更具有可操作性和执行力，让评估立法的社会影响成为可能。评估指标体系具体由社会就业指标、家庭生活指标、社会价值指标等内容构成。这些指标基本覆盖了一般性法律产生的社会影响范围，并通过追求指标定量化与货币化分析，努力实现评估结果的精确性与客观性。立法主体通过采用这样一套科学有效的评估指标体系，为评估活动的开展提供具体的借鉴与参照，也为推进法律社会影响评估工作的规范化和精细化提供重要保障。

第二，实现评估结果的准确与量化。实践中，法律评估一般包括立法前评估、立法中评估和立法后评估三种类型。当下，我国的法律评估主要关注立法后评估。一套科学、可操作的社会影响评估指标体系，通过专业化的测量方法，能够使得评估更为准确与量化。通过测度法律实施对社会就业、社会服务、社会环境等各方面的具体影响后果，开展有针对性的成本收益分析，为法律改进提供可靠的指导，使评估结果更为科学与客观。当然，一套好的指标体系不但有助于立法后评估制度的完善，也同样有助于建立科学的预评估制度，从而全面提升法律评估结果的精确性。

第三，保障法律制定过程的科学性与客观性。"立法科学化，是要求立法内容符合经济社会发展的客观规律"②。法律的社会影响评估指标旨

---

① 近年来，笔者曾跟随课题组多次赴青岛、威海等地立法机构进行立法调研。经调研，我们发现当下我国地方立法评估工作面临的最主要问题，就是在评估中缺少一套可操作、可量化的评估指标体系，因而影响了评估的效果。

② 胡戎恩、石东坡：《立法进程社会评价机制的建立与完善——以〈人口和计划生育法〉缺失为例》，《甘肃政法学院学报》2013年第5期。

第四章 法律的社会影响评估指标

在厘清法律与外部社会环境发展之间的内在联系，并将这种关联融入法律的制定过程中。无论是在立法制定前、立法制定中还是立法实施后，立法机关都应把社会影响后果作为重要的考量因素，避免出现主观立法的恣意。首先在立法前的阶段，法律的社会影响评估指标体系能够保障立法动机的合理性，减少法律法规的试错成本。立什么样的法、如何立法，这些问题都源于社会现实的需求，需要立法者根据评估指标，认真分析法案对社会产生的预期影响。例如，考察法案的出台是否会带动社会经济速度增长，是否能增加公民的就业机会，是否会促进社会的公平等。只有当法案产生的积极影响大于消极影响时，立法才具备出台的必要性。其次，在立法中，通过应用法律社会影响评估指标，也在一定程度上规范立法博弈过程，立法过程实质是不同利益主体间的博弈。但无论结果如何，都应将与社会、经济和环境发展一致作为立法目标。最后，法律的社会影响评估指标也为法律实施的完善提供依据。由于受外部环境发展的影响，现行法律中的一些制度和规范，往往不能调整和适应社会的新情况、新问题。此时立法者应及时开展法律影响评估，修改或废止不相适应的条款，设立新的规范制度[1]，从而补充和完善法律的具体内容。

从客观理性的角度来看，任何一种评估模式和评估方法都有其局限性，都需要在实践中不断地修正与完善。法律的社会影响评估及其指标体系也概莫能外。

或许在指标构建、测度方法及适用范围上，它存在或多或少的问题，或许永远无法完全弥补法律与社会现实之间的裂缝。"社会的需求和社会的意见常常是或多或少地走在法律的前面，我们可能非常接近达到它们之间缺口的接合处，但永远存在的趋向是要把这种缺口重新打开来，因为法律是稳定的，而我们谈到的社会是前进的"[2]。通过构建一套翔实

---

[1] 席涛：《立法评估：评估什么和如何评估（上）——以中国立法评估为例》，《政法论坛》2012年第5期。

[2] [英] 亨利·萨母奈·梅因：《古代法》，高敏、瞿慧虹译，九州出版社2007年版，第33页。

细致、可反复适用的评估指标体系，为立法机关的评估工作提供具体借鉴和参照，这一进路有助于提升弥补裂缝的可能性。这种可能性必然与理论体系本身科学性密切相关，在这个意义上也需要不断完善发展法律社会影响评估的理论框架，并在此基础上设计更加科学合理的评估指标体系。

第五章 法律的经济影响评估指标

在语义上，法律的经济影响评估指标具有衍生性特点，前提下应厘清法律的经济影响及其评估理论。法律的经济影响评估，通过对法律的经济影响后果进行预测及评价，为科学立法提供客观依据，从而更好地实现立法对经济的引领和推动。评估指标是评估理论体系的关键要素，有效的评估则需要构建一套具有可操作性的评估指标体系。法律经济影响评估指标体系的主要内容，由宏观性的经济影响指标、企业发展的经济影响指标、消费者的经济影响指标等组成。法律经济影响评估指标体系具有重要的理论与实践价值，在完善我国法治评估理论体系的同时，有助于进一步提升评估的实践可操作性。

一 法律制度与经济增长

法律对经济发展的影响是近代以来社会科学研究的一个重要课题。马克斯·韦伯在论述法律与经济之间的关系时就认为，理性法律不可或缺，它对经济秩序保障尤为重要。[1] 诺斯认为，导致第三世界国家历史上停滞不前，现今困顿落后的主要原因是这些国家没有一套高效率、低

---

[1] 张剑源：《法律与发展：谁的发展？——读韦伯的〈法律社会学〉》，《云南大学学报》（法学版）2013年第6期。

成本的合同强制履行机制。① 完备的产权制度与合同法应被视为促进国家经济增长的重要条件之一。法律制度作为一项行之有效的制度激励举措,是保障和完善当下经济体制的重要进路。健全的法律制度对实现经济高质量发展,具有重要的保障作用。

(一) 经济增长之谜

从亚当·斯密在《国富论》中首次阐明国民经济运行过程以来,到底什么推动了国家经济增长就成了众说纷纭的难题。无论是斯密、休谟等人早期天才式的思考,还是哈罗德、索洛、卡尔多等提出的经济增长模型,以及熊彼特、库兹涅茨等对于经济增长理论的研究,它们都从不同侧面反映了众人对该问题的孜孜不倦探求和尝试,但至今也没有找到令人满意的答案。② 二战以来,随着新兴国家的独立与发展,学习和借鉴西方的市场经济模式成为主流。但事实证明,经过半个多世纪发展,并非所有后发国家在借鉴和实践以后,都保持着高速的经济增长率。发达国家与发展中国家之间的贫富差距并没有得到根本的改变。恰恰相反,它们的差距正被日益拉大。而如何有效提高低收入国家的国民财富,使其尽快赶上发达国家的水平,确保经济速度的可持续增长,成为当代经济学家、政治学家思考的重心。

为了进一步揭开经济增长之谜的神秘面纱,学者们开始从不同的角度来对这个问题进行回应、作出解释。例如,有的学者通过研究指出文化因素是导致当今世界贫富差距加大的主要缘由。某些传统的文化观念及落后信仰不利于现代经济模式的增长。"许多人认为非洲人贫穷是因为他们缺乏良好的工作理论,以及迷信巫术和魔法,或抗拒西方新技术。

---

① Douglass North, eds., *Institutions, Institutional Change and Economic Performance*, New York: Cambridge University Press, 1990, p. 54.
② 朱启兵:《寻找经济增长的"圣杯"——读林毅夫新作〈繁荣的求索〉》,《金融博览》2013年第5期。

第五章 法律的经济影响评估指标

许多人也相信拉丁美洲永远不会富裕，因为那里的人民天生就是又穷又爱挥霍，同时他们受到'伊比利亚'文化或'明天再说'文化的毒害"。可以说，正是落后的社会文化使人们养成了好吃懒做、贪图安逸的习惯，进而使经济发展缺乏动力。虽然文化传统说有其一定的合理性，但是仅仅由于文化落后，就导致社会经济发展整体受阻，这种评价似乎失之偏颇。因为文化因素中的信仰、价值和伦理等只会在某种程度上影响经济发展的速度，但不起决定性的作用。就如很多人曾经认为，现代商品经济不适合发展在重义轻利的儒家文化和价值体系中，但实际上深受儒家文化影响的工作伦理观却被认为是近年来中国经济增长的重要引擎。

此外，还有学者认为技术创新才是决定经济增长的关键因素，实际上每一次的技术革命都是推动经济增长和社会发展的新动能。例如当下以人工智能为代表的全新技术革命将成为经济转型升级的新增长点，促进全球经济高质量发展。在这个理论中，技术进步是经济发展的动因，技术因素是人类出于追逐利润而进行投资的产物，因而经济增长可以由内生技术进步而控制。虽然该理论的内容相对完善，也更接近世界经济在历史上持续增长的现实。但它依然无法解释风险创新的过程，例如人工智能对就业、法律、伦理等多个领域带来的挑战，也无法说明制度转型与国家经济增长的关系。而制度学说代表人物道格拉斯·诺斯则认为政策背后的制度才是决定经济增长速度的关键。经济革命的兴起与发展并非完全由技术进步所左右，还要受其他因素和条件的影响。技术创新只不过是经济增长的一个渠道，而制度的改进与完善才真正为技术创新铺平了道路。完善的制度为技术创新提供了一个稳定的环境，有助于克服技术创新所引发的各种风险。通过构建合理的制度体系，不断激励个人从事经济增长的创新活动，从而使私人收益效率更接近于社会收益效率。所以完备的产权制度规定应被视为是近代西方国家经济发展的基础和保证。

以上几种学说分别从不同层面阐释了经济增长的缘由，也向我们展示了经济增长过程中的复杂性与多样性。无论是文化影响说、技术创新说还是制度保障说，都有其合理性，对于经济持续发展都具有重要作用。但相比较而言，我们认为制度学说逻辑分析更严密，论证过程更合理，源于制度保障的重要功效，对人类经济史的发展也起到了最显著的作用。首先，这里的制度包括正式制度和非正式制度，其中正式制度主要包括国家立法机关制定的法律、法规等正式规则，而非正式制度主要指日常生活中形成的道德规范、社会习俗、组织规范等非正式规则。而在所有的制度中，法律居于核心地位，也是最为关键的。因为合理的法律制度不仅降低了合同双方的交易成本还拓展了交易范围和数量。这也就意味着法律保障更有效率。通常在缺乏法律的支持时，交易只能依赖自我实施型的契约，而当法律介入后，第三方执行的机制提高了当事人的违约成本，从而促进了交易的达成与履行。

（二）法律是关键的

法律作为经济增长关键因素的论述主要来自制度经济学。制度经济学认为，法律是一种制度，而且作为现代社会最重要的制度，也是经济增长的决定性因素。制度经济学的发展历程经历了很长一段时间，纵观整个发展史，可以分为两条主线。"一是空想社会主义的制度批判和构想—马克思经济学—东欧经济学—中国等国家的经济学家对经济体制改革的探索；另一条为德国历史学派—以凡勃伦、康芒斯为代表的老制度学派—以加尔布雷斯为代表的新制度经济学派—以科斯为代表的新古典制度经济学派。"[1] 当前的制度经济学正处于演化学派与新古典制度学派的智识竞争以及融合阶段，基于一些重大问题与分歧的解决，将会促使制度经济学新的发展趋势。在此我们主要讨论以科斯、诺斯和威廉姆森为代表的新制度经济学。

---

[1] 黄少安：《制度经济学中六个基本理论问题新解》，《学术月刊》2007年第1期。

第五章 法律的经济影响评估指标

新制度经济学强调经济发展与制度规范紧密相关,在经济发展过程中制度因素具有决定性作用。制度涵盖了政治制度、经济制度、科技制度以及社会制度等多个方面,其中法律制度在制度体系中具有权威性、涵盖性、统筹性、保障性等特征,与之相关的是法律制度在经济发展中具有重要影响。从理论渊源上分析,新制度经济学是法律与经济发展关联研究的重要依据。通过新制度经济学理论框架的视角,来分析法律对经济增长的影响,能够从源头上解决经济增长之谜的问题,并有助于揭开法律对经济影响的神秘面纱。在新制度经济学中,交易费用、产权理论与制度变迁是其核心的三大理论基石,也是论证法律制度形成及优劣的基本范畴。

首先,经济发展离不开人与人之间的合作,具体合作方式诸如谈判、缔约等都会产生不同的效应。在实践中既存在相对微观的市场交易式个体性合作,也存在相对整体的企业式组合性合作,但各种合作方式的交易费用又会存在差异。此时人们应考虑通过交易费用较低的合同关系来获得利益。所以新制度经济学的研究重点就是作为经济运行制度基础的产权关系、合同关系等,通过具体考察和分析产权关系与合同关系来降低经济运行中的交易费用,提高经济效率和改善资源配置,最终实现经济发展。其次,科斯指出,在存在交易费用的情况下,不同的权利界定和分配会带来不同效益的资源配置,所以产权制度设置是优化资源配置的基础。因此,产权界定与否、如何进行合理配置,直接关系到人们的成本与收益,从而影响经济发展的决策。特别是在经济增长需要创新推动的前提下,我们需要也必须为创新者提供产权的法治保障,例如财产法、知识产权法等,通过法律制度来提高创新者的积极性。对此诺斯做过相关研究,他通过对比不同国家经济增长的差异,认为具有知识产权有效保护规则以及合同履行保障规则的国家具有更好的经济增长预期;而与之相反的是缺乏相关机制的国家,其经济增长环境并不理想。并断言,"有效的合同执行是决定经济绩效的唯一重要的因素"①。最后,制度变迁理论为我们研究法律与经济增长拓宽了视域、提供了重要启示。诺斯从具体的制度演进历史过程中,提出了经济增长由制度决定的经典命题,这一理论极大充实了经济增长理论的解释力和应用空间。具体来看,制度变迁理论通过发展与对比的视角,指出相比于其他社会制度,资本主义制度的经济促进作用更主要源于财产权及其保障机制的确立,当然法律为财产权提供了最重要的保护方式。显然,传统经济学与新制度经济学关于经济发展决定因素存在明显不同,前者更多主张人力、技术的重要作用,而后者则将制度作为考量的决定性因素。因此,作为制度核心部分的法律规则更是在经济发展中具有至关重要的作用。

基于对我国改革与发展历程的考察,在制度激励体系中,法律制度也应被视为经济发展的重要因素。尤其在法律促进经济增长的试验和证据激励下,产权规则与合同法视为我国经济增长最关键的两个因素。特别是改革开放以来,我国先后制定出台了一系列重要的法律法规,如《公司法》《土地资源管理法》《民法典》等。这些立法所确立的产权关系安排,进一步降低了市场交易费用,提高了资源配置效率,为我国经济快速发展注入强大的动力。近些年来,我国经济发展步入新阶段,呈现出速度变化、结构优化等特点,发展方式从规模速度型向质量效率型转变。习近平总书记深刻指出:"贯彻新发展理念,实现经济从高速增长转向高质量发展,必须坚持以法治为引领。"② 这就需要我们及时完善策略,以法治思维和方式引领经济发展。一方面加强以公平为核心原则的产权保护制度。另一方面积极完善宏观调控、构建合理有序的市场机制规则。只有建立以良法为依据的市场规则,才能真正实现经济高质量发展,让社会发展充满活力。

---

① 李玉虎:《新法律与发展研究现状及其趋势》,《学术界》2011年第11期。
② 习近平:《在中央全面依法治国委员会第一次会议上的讲话》(2018年8月24日),载习近平《论坚持全面依法治国》,中央文献出版社2020年版,第222页。

第五章　法律的经济影响评估指标

"建构当代中国有效激励治理机制的关键问题，是要建构真正有利于激发治理者积极作为的法治化机制。以法治化的正式制度激励机制建构重建现代治理者激励机制，乃是一个长期复杂的过程，这涉及政府运作机制转型和社会自主机制再造等重大问题。"当然在这个过程中，我们需要对相关激励理论框架进行完善。"对于法律制度激励功能所进行的跨学科的综合研究进路，首先应当要构建出统一的研究框架，其次要筛选出合适的激励理论并将其转化到法律制度激励功能理论体系的适当位置中来，最后是要在理论框架构建与理论资源运用的基础上形成法学理论的特色。"其中，评估理论是一种重要的理论框架。经济增长的制度激励，需要借助评估理论框架来进一步改进。制度激励的效果，需要科学化、合理化评估，通过评估进一步完善法律制度。增强立法的可操作性，以此推动经济持续发展。

（三）法律的经济影响及其评估

基于以上的论述，我们明确了法律制度是决定经济增长的关键因素。因而对于法律的经济影响主要考察和评价法律制定与实施对经济发展的作用。即法律给经济发展带来的变化，包括经济能否持续稳定增长，以及经济政策对社会中企业和个人利益的具体影响等。法律的经济影响评估，对实现法律制度与经济社会的全面协调发展，具有重要的保障作用。同时经济评估也使政策内容与经济目标能够保持相互间的一致性，因此正确理解和把握法律的经济影响能够更好地让理论与经济实际联系起来。需要注意的是，法律的经济影响不同于政治、社会的影响，它是单独面向经济发展过程中的，包括商业活动、个人收入等在内的具体经济影响表现。合理有效的经济影响分析，能够使政府决策过程更为科学和高效，从而实现产业积极健康的发展。[1]

---

[1] F. Larry Leistritz, "Economic and Fiscal Impact Assessment", *Impact Assessment*, Vol. 12, 1994, p. 312.

◈ **法律规制影响评估指标体系研究**

　　法律的经济影响是一个不断发展变化的过程，由于社会经济不停地在发生改变，制定者不仅要对制定出的法律进行一个经济分析，同时也要不断完善和修改法律，使得法律的经济影响能够更明确地体现在经济发展中。概括起来说，法律的经济影响贯彻立法的始终，即立法前、立法中与立法后。法律的本质是维护社会稳定，保证经济的发展，是社会各主体间进行博弈的最终结果。因此，每一部法律的经济影响都是不同的，法律的经济影响评估的目标就是为了更好地发挥"看得见的手"的作用。让法律与市场的发展结合起来，通过有关立法机关制定相关法律来提高市场资源的配置效率。在法律实施过程中不断进行经济影响的评估，根据评估结果完善有关的法律规定，从而弥补市场的不足，充分发挥"看得见的手"的作用。全面保护投资者的经济效益是法律规制的重要目标，法律和政策的制定与成立乃是人类智慧和聪明的最大结果。避免出现一些不利于经济发展的现象，"损人利己、两败俱伤、合谋垄断等现象经常发生，这就需要国家的作用和法律的控制。"① 通过科学的立法决策来提高市场资源配置效率，通过完善立法后评估来弥补市场规范的不足，使立法决策不断调整与市场机制相适应，进而寻求法律与经济发展的最佳平衡点，实现经济效益的最大化和经济秩序的稳定。

　　法律的经济影响的种类有很多，概括起来可以划分为直接经济影响和间接经济影响、积极影响和消极影响。目前，我国法律的经济影响更多的是注重法律对经济产生的积极影响和直接经济影响。另外，从亚当·斯密、马克思和诺斯这三位不同时期的经济学家的研究也能够看出，他们不同程度地揭示出经济发展的过程中法律起到的直接影响和积极影响。法律经济影响中的积极影响主要是法律对经济的促进作用。马克思《资本论》中提出了法律对经济基础具有一定的反作用，认为法律不仅促进了资本主义生产力的发展，也是商品经济的前提条件，对其具有保

---

① 蔡宝刚：《法律与经济发展：读解经济学家眼中的法律作用》，《扬州大学学报》（人文社会科学版）2003年第5期。

障作用。另一位经济学家诺斯认为，西方社会经济的迅速发展主要得益于有效率的产权法律制度。经济学家通过运用经济分析的方法来阐述法律对经济的促进作用，经济学的发展离不开法学的基础。"法学为经济学的发展提供法理基础，即对经济制度特别是产权制度的规范性安排。经济学为法学提供经济理论基础，即提供立法的经济依据，如所有制结构的变化、私有产权的形成等。"[1] 因此，法律对经济的促进作用是显而易见的。在法治实践过程中，针对市场中的不规范的行为可以通过法律进行规制和完善，从而保障经济能够正常运行与发展。它也能够保证市场参与主体之间获得最大利益，实现市场资源的有效合理配置，使整个国家经济更加平稳地运行下去，促进国家的转型与发展。

二 部门法的经济影响界分及其评估

法律对经济的影响，并非绝然一致的，而是具有不同的类型。部门法有其存在和生成的合理性，不同部门法对经济产生了不同影响，可以根据部门法来划分不同的经济影响类型。首先，在宏观上、整体上，必须评估宪法的系统化经济影响。"在法律体系中，宪法是各部门法的基础；同时，各部门法也都是宪法的发展和落实，体现着宪法的精神"[2]。因此，宪法产生的经济影响是基础性的。其次，在实体的部门法中，依据法律出现的时间不同，可划分为传统实体法和新兴实体法。传统实体法主要包括民法、刑法、行政法，新兴实体法则主要表现为随着现代市场经济需求而衍生的经济性法规和环境性法规。它们都具有不同的经济效应。最后，与实体法相对应，诉讼法也具有不同的经济影响，在其内部也有民事诉讼法、刑事诉讼法、行政诉讼法等不同类型的划分。

---

[1] 赵凌云：《中国法治化与市场化的历史关联与现实互动》，《法商研究》（中南政法学院学报）2001年第5期。

[2] 马岭：《宪法与部门法关系探讨》，《法学》2005年第12期。

(一) 宪法的经济影响评估

法律的经济影响评估,是实现法律制度与经济社会全面协调发展的重要保障。宪法作为国家的根本大法,具有最高的法律地位和效力,宪法对经济的影响是具有根本性的。宪法往往对一个国家政治、经济、文化等基本内容作出了规定,是调整国家与公民之间基本权利义务关系等多方面内容的根本法,是对国家权力运行方式的确认与规范。宪法是其他具体法律制度建构的基础,宪法中某些条文的规定也为经济发展提供了法律保障,对经济发展产生了重要影响。整体上,宪法对经济体制、所有制以及分配制度等经济制度进行了规范。我国《宪法》第六、七、八、十一条等对我国经济制度作了明确规定,包括对我国经济制度的基础、国有经济、农村集体经济以及非公有制经济等详细规定。《宪法》第十五条规定:"国家实行社会主义市场经济。国家加强经济立法,完善宏观调控。国家依法禁止任何组织或者个人扰乱社会经济秩序。"该条的规定促进了我国经济法的产生和发展,也是推动经济发展的重要法律保障。"在市场经济体制背景下,依法有效规制市场经济秩序,对于保障整体的社会经济秩序非常重要,必须加强市场规制法的制定与实施。正是为了保障宪法强调的社会经济秩序,才需要加强市场规制或市场监管,才需要有专门的市场规制权和市场规制法。"[①] 因此,宪法对经济的影响和社会的发展都是非常重要的。显然,宪法对经济的影响具有宏观性、整体性,同时也具有复杂性、系统性。

(二) 实体法的经济影响评估

1. 传统实体法的经济影响评估

传统实体法形成的时间较长、理论体系也比较完善,根据其规制的

[①] 张守文:《论经济法与宪法的协调发展》,《现代法学》2013年第4期。

第五章　法律的经济影响评估指标

领域可界定为民商法、刑法与行政法。作为调整市场经济关系的重要法律制度，民商法内部区分为民法和商法。民法和商法既有密切联系又有一定区别，从基本价值取向上分析，民法立法立足于公平优先原则、商法立法立足于效益优先原则。这种差异性的立法价值取向，必然对经济产生不同影响。尽管我们提到经济影响，往往是指效益，但公平因素也是经济影响的一种重要因素。人类社会存在不同的经济形态，从发展倾向上分析，市场经济是必然性经历的形态。当然处于不同社会发展阶段，市场经济也存在发展程度以及发展方向的差异，但都具有内在的共同本质。从法律与经济对应性上分析，民商法应与市场经济客观规律相适应，需要在认真把握市场经济本质的基础上在立法中建立相应的品格。例如，平等性、自愿性、交换性、信用性、开放性、竞争性，既是市场经济的重要特质，也是民商法所应具有的内在品格。我们必须认识到，现代民商法具有先进性和技术性，也具有局限性。例如难以有效控制市场经济活动方式的逐利取向带来的社会风险，但我们不能否认现代民商法对经济和社会生活的基础调节性影响。

我们现在正处于将来一段时期也将处于风险社会，风险社会中的刑法是安全的保障网，必须更加重视刑法的积极性一般预防功能。在经济现代化转型进程中，作为国家介入经济的主要手段，法律规制的严与松都会对经济产生影响，因此对严与松的把握是一个重要问题。"这种规制经济的刑事政策，可以简略概括为抓大放小，即重点打击严重经济犯罪行为，适当放宽对较轻违法的刑罚惩治。"[1]"经济犯罪作为风险社会中的危险源之一，危害的加剧与类型的翻新就是当前世界各国经济犯罪的基本样态。作为对此样态的回应，经济刑法出现了刑法保护膨胀化、法益保护的前置化和刑法介入多样化的基本转型，从而形成了愈来愈浓重的重刑化立法趋势。"[2]刑法对经济犯罪的打击，必将有利于经济的健

---

[1] 龙宗智：《经济犯罪防控与宽严相济刑事政策》，《法学杂志》2006 年第 4 期。
[2] 姜涛：《风险社会之下经济刑法的基本转型》，《现代法学》2010 年第 4 期。

康有序运行，也将促进经济的持续发展，这也可以视为刑法对经济的积极性影响。同时通过经济分析的视角，对经济违法行为成本和收益的对比分析及其调节，同时以此来建立控制经济违法行为的机制。

现代行政法机制，乃由制约机制与激励机制整合而成，通过两者的协调运作促进最佳的资源配置。"制约机制是指既制约行政权非理性膨胀、保护相对方合法权益，又制约相对方滥用权利、维护行政秩序；激励机制是指既激励行政主体积极行政、为公众谋求更多的公益，又激励相对方积极实践法定权利、参与行政，以实现私益的递增。"[①] 在市场经济条件下，产权转让是市场交换的内在本质，而市场主体参与市场活动必须具备相关的基本权利，例如财产权和自由权。这些基本权利不仅需要私法的规定和保护，更需要行政法的确认和安排，以使个人和组织作为市场主体在与作为行政主体的行政机关打交道时能够得到制度上的保障。当然在现代社会，财产权和经济自由权基于公共利益的考量要受到法律上的限制。我国行政规制的发展，要重视规制手段的选择与不同领域内不同目标的相适应性，科学构建和不断完善符合市场经济的现代行政规制的制度体系及其实现机制。我们必须注意针对市场经济的具有临时性、应急性、强制性的应对措施，从法治的角度考虑应当适时退出，让位于规范的、作用相对持久的法律应对调控措施。

2. 新兴实体法的经济影响评估

现代社会的复杂性发展，促进了新兴实体法的产生。从部门法调整的领域分析，新兴实体法可以划分为经济法和环境法等。对经济产生直接影响的法律，主要是相关的经济法律法规。经济法是现代民商法存在的重要补充，经济法强调维护整体平衡和自由公正的社会经济秩序。"在实践中，需要干预经济关系论有助于确定国家与市场的职能边界，

[①] 罗豪才、宋功德：《现代行政法学与制约、激励机制》，《中国法学》2000年第3期。

第五章　法律的经济影响评估指标

有助于克服制度僵化，及时进行制度变迁，有助于促进政府体制改革，克服国家完全理性假设。"① 我们应该基于对经济法与传统法律的差异认识，从市场经济与经济法的实践中去探寻经济法特有的问题。我国经济法规可以分为促进型经济法和限禁型经济法。例如税法中规定的各种优惠制度，包括税收的减免、财政补贴以及一些产业投资鼓励，这些都属于促进型经济法，可以通过实施有效的手段来促进经济的快速发展。例如《反垄断法》中规定的禁止各种垄断行为和不正当竞争的内容，则都是限禁型经济法的体现。《反垄断法》第十条规定："行政机关和法律、法规授权的具有管理公共事务职能的组织不得滥用行政权力，排除、限制竞争。"这里体现出法律对经济的直接影响。

针对当前环境保护问题，除了自然生态规律的因素之外，还有我们没有充分认识到经济发展和环境保护之间的关系，忽视了经济发展给环境和社会的长远影响。环境与经济，是两个密切相关的主题。环境经济学主要研究环境资源的可持续利用和环境保护的经济手段，并为环境保护政策和环境管理提供理论支持。环境经济学立足于新古典资源配置理论以及科斯经济学，研究市场机制配置资源效率的环境参照系以及环境产权制度的变革问题。可持续发展战略实施，将全面推进社会、经济和环境综合效益的提高，并兼顾环境道德、环境价值和外部不经济性为特征的良性循环的经济发展。"我国环境法律体系在实践中实施效果不佳的最根本的原因是中国环境法遭遇着能源结构、产业结构、区域结构、城乡结构和权力结构等结构性陷阱，进一步加剧了环境问题的严峻性。"② 当前在部分地方贯彻环境法，出现了一些企业停产以及相关的失业问题，但我们必须认识到通过环境法的实施来促进经济的可持续发展。

---

① 应飞虎：《需要干预经济关系论———一种经济法的认知模式》，《中国法学》2001年第2期。
② 张梓太、郭少青：《结构性陷阱：中国环境法不能承受之重——兼议我国环境法的修改》，《南京大学学报》（哲学·人文科学·社会科学版）2013年第2期。

(三) 诉讼法的经济影响评估

诉讼法属于程序性法律，如果说实体法是看不见的正义，那么程序法就是看得见的正义。程序法是防止权力滥用、为法律实体的公正提供保证的，对于经济的影响同样是非常重要的。我国诉讼法主要包括民事诉讼法、刑事诉讼法和行政诉讼法，这三大诉讼法从程序上保证了市场经济的运行，对规范市场经济秩序、保障市场主体的合法权益具有重要作用。例如我国《民诉法》第二百八十八条规定："涉外经济贸易、运输和海事中发生的纠纷，当事人在合同中订有仲裁条款或者事后达成书面仲裁协议，提交中华人民共和国涉外仲裁机构或者其他仲裁机构仲裁的，当事人不得向人民法院起诉。"这些都体现出民事诉讼法中对于经济的保障作用，程序法是保障实体正义的有效手段，也是规范市场经济健康发展的必要举措，要充分发挥程序法对经济的积极影响。

三 法律经济影响评估指标的理论框架

在哲学上，维特根斯坦提出了著名的范畴理论，范畴是由中心与边缘组成的理论体系。范畴理论也在社会科学中得到了广泛运用，例如在经济学中出现了经济范畴。经济范畴与经济概念、经济规律是不同的，经济指标是一个具有范畴意义的理论，不应该仅仅局限于概念层面上。法律的经济影响评估指标，是一个具有跨学科性质的范畴。关于法律经济影响评估指标的体系化及其建构，必须遵循范畴理论脉络。首先必须注重法律经济影响评估指标的内部划分，在此基础上建构一个内部相互链接、具有不同层次的有机体系，同时在保证体系稳定性的前提下要兼顾其开放性。另外，也要分析法律经济影响评估指标体系的价值与缺陷，在此基础上进行相应的拓展，从而提高指标体系的可行性。

第五章　法律的经济影响评估指标

（一）法律经济影响评估指标的内涵

在理论经济学中，经济范畴是对经济本质的概括和反映。经济范畴的形成意味着我们的认识从感性向理性转变，相比于经济概念的个别性、个体性，经济范畴具有总体性、概括性。根据我们认识深入程度的不同，经济范畴可以划分为两类。一类是通过经济外表形式上联系反映其本质的经济范畴，一类是不经过表面直接反映经济内在本质的经济范畴。价格、利润等可以视为第一类范畴，而价值、剩余价值等则是第二类范畴。经济规律是社会经济发展过程中经济现象间的内在的、本质的、必然的联系，经济范畴则是反映经济现象中最一般、最本质的联系的概念。经济范畴也是认识经济关系和经济规律的不可缺少的工具，科学的经济范畴，能够更深刻、更正确、更完全地反映社会的生产关系。利用经济范畴可以加深对经济关系和经济规律的认识，并用以进一步继续探索和研究经济关系发展运动中出现的新情况、新问题，考察和开拓那些未被认识的或未被完全认识的经济领域。立足于当前的经济范畴，研究未被充分认识的经济现象，同时以此为基础给予原有经济范畴新的含义，也有助于形成新的经济范畴。

2024年10月8日，李强主持召开经济形势专家和企业家座谈会，明确指出"跟踪评估政策传导效果，该优化的优化、该加力的加力"[1]。经济现象的名称用经济范畴表述，经济范畴的数量方面则通过数值反映。经济指标是反映一定社会经济现象数量方面的名称及其数值。范畴意义上的经济指标，需要以理论经济学上的经济范畴为依据。当前经济形态不断发展变化，国内经济与国际经济联系日益密切。同时源于互联网技术的不断发展及新兴科技成果的应用，新的经济范畴以及经济指标不断出现，经济指标也愈加系统化、程序化。我们需要对经济指标作统一性规定，包括适用对象、计量单位、测量方法等，从而予以标准化和通用化。

---

[1]《李强主持召开经济形势专家和企业家座谈会》，《光明日报》2024年10月9日第3版。

法律经济影响评估指标，是一个兼具法学与经济学双重学科领域的范畴。在理论渊源上，其与经济指标范畴是密切联系的。但两者存在着明显的不同，经济指标是一个关于自身问题的评估范畴，研究和分析各种经济现象的工具；而法律的经济影响评估指标则是一个关于交叉影响的评估范畴。法律的经济影响评估指标，是指法律对经济影响的评估量化。

(二) 法律经济影响评估指标体系的建构

法律规制影响评估指标体系的建构，首先在前提下应注重法律影响指标的分类。分类是体系建构的基础，通过分类才能更好地把握体系的脉络。源于不同的分类标准，法律规制影响评估指标可以划分为不同的种类，当然不同的种类之间又存在不同的关联。根据指标反映层次的不同，法律经济影响评估指标可以划分为宏观性反映和微观性反映。按照法律对经济产生的实体与精神的影响，以及指标的计量单位属性的不同，法律经济影响评估指标可分为实物指标和价值指标；按照法律对经济发展规模或生产经营效益的影响，以及指标反映的不同形式，法律经济影响评估指标可分为数量指标和质量指标；按照法律对经济的不同影响形式，以及指标职能的不同，法律经济影响评估指标可分为核算指标和考核指标。以上三种分类，是对法律经济影响的直接性微观反映的指标。按照法律对经济的影响范围，以及指标反映经济现象的范围，法律经济影响评估指标可分为单项指标和综合指标；按照法律对经济的影响程度，以及指标反映计划目标或实际情况，法律经济影响指标可分为计划指标和统计指标。以上两种分类，是法律对经济影响的宏观性反映的指标。当然源于法律对经济影响的复杂性，法律经济影响评估的内部划分也难以存在明确的标准，但基于系统化的考量，我们需要追求大致的界分。

关于法律经济影响评估指标体系，是指一系列相互联系的、反映法律对经济影响的指标所构成的有机整体。根据法律在经济生活中的作用，以及在时间、空间上的位置不同，与之对应的法律经济影响评估指标可划分为不同的体系。同时在层层细分以及相互补充的基础上、基于考核便利和管理优化的需要,按照相互独立与联系的建构原则,形成一个系统化的指标体系。关于法律经济影响评估指标内部不同层次的体系,是前后衔接、相互配套的。从实体与价值区分的角度,经济影响评估指标体系既有实体型的,也有价值型的,两类指标体系相互配合、相互对应并各自衡量。在本书中关于法律经济影响评估指标体系,将进行一种普遍意义上的建构,以提高指标体系的可接受性。关于法律经济影响的形态,可以划分为整体经济运行的影响以及对市场主体的影响。在指标体系建构中,基于第一种类型的影响,指标体系可以划分为宏观性经济影响指标、中观性经济影响指标与微观性经济影响指标;基于第二种类型的经济影响,指标体系可以划分为对市场企业的经济影响指标与对居民的经济影响指标。指标体系的建构,必须追求一种整体的稳定性。尽管稳定性往往无法有效接纳新出现的情况,但我们可以在建构之处进行抽象化处理予以应对。

(三) 法律经济影响评估指标体系的定位

法律经济影响评估指标体系具有重要的价值,具有理论和实践上的必要性。在法律场域中,量化导向逐步成为一种大趋势,通过量化的方式能够进一步规范法律的价值。在整个国家—社会体系中,经济问题是贯穿始终的切入点,在诸多层面、诸多领域具有决定性意义。源于各方面的因素,法律与经济具有了天然的结合性。建构法律经济影响评估指标体系,则将进一步规范法律对经济的影响,从而保证其产生更稳定的积极效应。当前经济问题日趋复杂化,亟须通过法律规制的方式来解决。我们必须认真评估法律规制方式的经济效应,而评估指标体系的建构无疑是一个合理性的选择。不但在理论层次,即使在实践层次,法律经济影响评估指标体系也具有重要的意义。"量化"将逐渐成为法学研究的重要范畴,也将带来法学研究范式的转换。基于经济问题相对于社会问题、环境问题更具有可量化性,法律量化在此场域中将起到更大的作用。

研究法律经济影响评估指标体系，其研究成本是相对较小的，同时具有更多的理论实践经验。建构法律经济影响评估指标体系，也将为整个法律影响评估指标体系的建构提供有益经验。实践价值与理论价值的彰显，正是我们进一步细化改进的动力，也是我们尝试建构的必要性所在。

基于目的导向的考量，即使任何程度完善的法律经济影响评估指标体系，难免存在不同层次上的缺陷。我们会有一个追问，法律经济影响评估指标体系的实用价值何在，是否具有理论与实践上的可行性。这种追问也源于，法律本身更多的是一种语言游戏，法律的量化是否具有可操作性。特别是关于经济问题的解决、经济效应的分析，本身经济学、统计学所擅长的领域，法律场的切入是否具有科学性。这一系列追问，也会引发我们对法律经济影响评估指标体系的反思，必须认真对待其本质上的缺陷。当然对缺陷的处理并非毫无办法，我们需要对法律经济影响评估指标体系作一种拓展。基于应对缺陷的拓展，可以划分为内部拓展与外部拓展。内部拓展，主要强调整个评估指标体系内部的优化建构，这里的指标体系不仅仅是经济影响评估指标体系。外部拓展，强调的是与法律经济影响评估指标体系相配套的方案建构，这种配套立足于提升评估指标体系的可行性。正如我们通常意义上所理解的，问题必然是复杂的，而一种针对性方案往往难以有效解决这个问题。这便需要我们有一种体系性的应对，当然这种体系性应对存在中心措施与配套措施。这也是基于应对评估指标体系的缺陷，而应进行怎样一种意义上的拓展。

四 法律经济影响评估指标的具体内容

法律的经济影响评估指标作为一级指标，包括4个二级指标和18个三级指标。这些指标之间相互依存，形成了逻辑自洽、结构缜密的评估体系。同时，每个指标的具体内容，也都围绕指标的内涵和测量方法展开细致的讨论。

(一) 宏观经济影响指标

宏观经济影响指标具体衡量和评价法律实施对宏观经济运行的效果。宏观经济是与微观经济活动相对应的概念，它是指整个国民经济总体及其经济活动和运行状态。[①] 党的二十届三中全会通过的《中共中央关于进一步全面深化改革、推进中国式现代化的决定》中单列"健全宏观经济治理体系"一节，明确提出"科学的宏观调控、有效的政府治理是发挥社会主义市场经济体制优势的内在要求"。对于宏观经济活动，政府必须完善以法律手段为核心的宏观调控制度体系，统筹推进财税、金融等重点领域改革。通过法律手段可以有效保护共有财产、个人财产，调整各种经济组织之间横向和纵向的关系，以保证国民经济持续、健康、稳定发展。法律实施对宏观经济的影响后果，我们可从以下几个方面入手建立具体指标进行测度，包括经济增长、社会投资、国际收支、产业结构、财政税收等。

(二) 市场机制影响指标

市场机制影响指标主要测度法律规制对市场的影响效果。在现代社会中，法律作为国家调控经济的主要形式，对市场经济的健康发展具有重要作用。市场机制与宏观经济的重心不同，市场机制是通过市场竞争配置资源的方式，即资源在市场上通过自由竞争与自由交换来实现配置的机制，也是价值规律的实现形式。具体来说，它是指市场机制体内的供求、价格、竞争、风险等要素之间的互相联系及作用机理。

在市场经济条件下，只有健全开放透明的市场准入、公平竞争、社会信用等基础制度，推动市场规则不断完善，明确经营主体参与经济活动的权利和义务，才能形成良性竞争机制，保障企业优胜劣汰，实现资

---

① 王守渝、弓孟谦：《宏观经济调控法律制度》，中国经济出版社1995年版，第112页。

源优化配置。实践充分证明，在市场机制有效运行的市场，科学的管理方式、健全的保障机制、公平的参与氛围，不仅不会束缚和制约市场活力，反而能提高经营主体参与经济活动的积极性；与之相反，价格违法、假冒伪劣、虚假宣传等市场失序突出问题，则会扭曲市场激励机制，导致劣币驱逐良币，对资源优化配置和企业优胜劣汰带来负面效应。

要实现到2035年全面建成高水平社会主义市场经济体制、中国特色社会主义制度更加完善的目标，必须坚持以制度建设为主线进一步全面深化改革，必须进一步提高市场经济法治化水平。具体来看，法律实施对市场机制带来的影响，可通过设置以下具体指标进行测量和分析：消费者权益保护、不正当竞争规制、市场垄断规制、市场要素流通状况、产品质量管控、市场价格监管等。

(三) 企业发展影响指标

企业发展影响指标法律实施会对企业发展带来的影响，包括企业的设立、决策、生产、销售等各个环节。在整个市场经济活动中，企业是重要的参与主体之一。同时在生产经营的过程中，法律制定与实施对企业发展也产生了重要影响。党的二十届三中全会决定指出，完善中国特色现代企业制度。为此，应进一步完善现代企业制度配套法律法规，推动企业完善法人治理结构、规范股东行为、强化内部监督、健全风险防范机制，提升内部管理水平。另外，企业发展影响指标的构建，在理论渊源上可以借鉴企业经济学相关理论。企业经济学作为经济学的分支，专门研究企业的目标、规模及其生产、经营、管理、投资和发展战略。基于此，法律实施对企业发展影响效果评估，可以从以下几个方面切入：企业设立与注销、企业生产管理、企业经营管理、企业协作发展、企业风险规避。

(四) 消费者影响指标

消费者影响指标测度法律出台对消费者带来的具体影响。消费者个

第五章 法律的经济影响评估指标

人及家庭是市场经济活动中的最基本单位。在市场经济运行中，居民消费者是一个重要的微观主体。在市场经济的各个领域中居民以独立的利益主体出现，居民经济问题已成为当前经济运行的一个重要方面。在现代经济学体系中，家庭经济学是深入微观、以家庭为研究对象的经济学分支。居民经济学、家庭经济学主要研究居民、家庭的消费、生产、投资等经济活动。法律对于经济的影响体现在居民（家庭）上可以围绕以下几个方面建立评估指标：收入水平的影响、投资选择的影响、消费水平的影响。

表 5-1　　　　　　　　　法律经济影响评估指标

一级指标	二级指标	三级指标	评估值
法律经济影响评估指标	宏观经济影响	经济增长的影响	定量
		投资资本的影响	定量
		国际收支的影响	定量
		产业发展的影响	定性或定量
		财政税收的影响	定性或定量
		货币金融状况的影响	定性或定量
	市场机制影响	市场价格的影响	定量
		消费者权益的影响	定性或定量
		不正当竞争的影响	定性或定量
		市场垄断的影响	定性或定量
		产品质量的影响	定性或定量
	企业发展影响	企业设立注销的影响	定性或定量
		企业生产的影响	定量
		企业经营的影响	定性或定量
		企业利润状况的影响	定量
	消费者影响	收入水平的影响	定量
		投资选择的影响	定性或定量
		消费水平的影响	定性或定量

第六章　法律的环境影响评估指标

　　党的二十大报告提出，深入推进环境污染防治，坚持精准治污、科学治污、依法治污，持续深入打好蓝天、碧水、净土保卫战。建设美丽中国、推动环境质量持续改善离不开法治的保障。提升环境治理能力，必须提高立法质量，增强立法的可操作性，以科学立法来推进生态文明建设制度化。要达至这一目标，就必须加强立法评估工作。法律的环境影响评估指标旨在建立一套能够有效测度法律法规实施产生环境影响后果的评价指标。借助科学指标开展评估，立法机关有助于发现法律规范中存在的问题，特别是把握现行环境保护法实施的真实情况，从而为法律法规的立、改、废提供科学客观的依据。

一　法律环境影响评估的界定及实践

　　法律环境影响评估指标在前提下首先应明确法律环境影响评估的理论内涵与实践逻辑。面对生态文明建设的新目标以及人与自然和谐共生的现代化任务，立法工作要紧跟时代步伐。通过建立健全法律的环境影响评估机制，按照生态文明建设融入经济建设、政治建设、文化建设、社会建设的总要求，逐渐实现对各种法律制度进行"生态化"评估与改造。在这个过程中，不断提高立法质量，从而不断实现法律体系生态化，最终提升环境治理能力，达至人与自然和谐共生的目标。

第六章 法律的环境影响评估指标

(一) 法律环境影响评估的内涵

理论渊源上,法律环境影响评估是环境影响评价技术在立法领域中的应用和拓展。作为一种现代化评估活动,环境影响评价利用科学合理的技术手段评估人类活动对自然环境造成的影响与破坏。[1] 据有关资料显示,环境影响评价活动肇始于20世纪60年代,1964年在加拿大召开的国际环境质量评价会议提出了"环境影响评价"概念。1969年美国正式建立环境影响评价制度,成为世界上第一个开展环境影响评价的国家。实际操作中,环境影响评价通常包含以下几个基本步骤:一是评估者首先要对该活动可能产生的环境影响进行系统考察和分析。二是在全面衡量基础上提出回避、减轻重大环境影响的措施与方案。三是通过对各种影响后果进行测算和评价,来决定是否正式开展该项活动。[2] 传统环境影响评价主要对各种建设项目实施后对周围生态环境可能造成的影响进行科学评估、预测、分析与判断,并提出环境保护对策,制订环境跟踪监测方案。但随着社会发展需求,评价对象的范围逐渐扩展到国家政策、规划、计划、法律等领域。

作为环境影响评价的重要内容,法律的环境影响评估是对法律实施产生的环境影响进行系统评价活动。立法机关通过对现行法律法规和拟制法律案已经产生或可能产生的环境影响后果进行科学测度,提出避免或减轻负面资源环境影响的相关建议,从而为法律的制定与完善提供客观依据。改革开放以来,我国经济一直保持高速增长,经济社会建设取得成效显著,但由经济引起的环境生态负担也日益加重。愈加突出的环境问题引起了全社会关注和反思,加强环境治理和生态保护成为国家治理的重要任务之一。党的十八大以来,以习近平同志为核心的党中央高

---

[1] 朱世云、林春绵主编:《环境影响评价》,化学工业出版社2007年版,第2页。
[2] 汪劲:《环境影响评价程序之公众参与问题研究——兼论我国〈环境影响评价法〉相关规定的施行》,《法学评论》2004年第2期。

度重视生态文明建设,提出了一系列新理念新思想新战略,形成了习近平生态文明思想,推动我国生态环境保护发生了历史性、转折性、全局性变化。总体上看,我国生态环境质量持续好转,出现了稳中向好趋势,但成效并不稳固。生态文明建设正处于压力叠加、负重前行的关键期,已进入提供更多优质生态产品以满足人民日益增长的优美生态环境需要的攻坚期,也到了有条件有能力解决生态环境突出问题的窗口期。

习近平总书记反复强调:建设生态文明,重在建章立制,用最严格的制度、最严密的法治保护生态环境。[①] 当前,我国生态环境保护中存在的突出问题大多同体制不健全、制度不严格、法治不严密、执行不到位、惩处不得力有关。这一原则要求我们构建产权清晰、多元参与、激励约束并重、系统完整的生态文明制度体系,织密法律之网、强化法治之力,严格用制度管权治吏、护蓝增绿,确保党中央关于生态文明建设决策部署落地生根见效。通过建立健全环境影响评估机制,逐渐实现对各种法律制度进行评估与改进。在这个过程中,不断提高立法质量,有助于进一步提升环境治理能力,防范生态环境风险,实现社会的可持续发展。

(二) 法律环境影响评估的国内外实践

作为最早开展法律环境影响评估的国家,美国关于法律环境影响评估的要求主要规定在《国家环境政策法》以及一系列总统行政命令中,它们共同建立起美国法律环境影响评估的制度框架。1970年1月1日,《国家环境政策法》被尼克松总统签署生效而成为正式法律,从而将美国的环境保护制度引入了全新时代。考虑到长期忽视环境因素而引起的土地流失和人类环境破坏的恶果,该法律的出台旨在增进社会总福利、创造和保持人类与自然和谐共处的条件,并且实现社会需

[①] 《习近平谈治国理政》(第二卷),人民出版社2017年版,第396页。

第六章 法律的环境影响评估指标

求、经济需求和现在及将来美国人民的其他需求。《国家环境政策法案》规定：联邦行政机构的法规、规章及会对人类环境产生重要影响的联邦行为的提案，必须准备环境影响报告，在发布最终法规之前必须满足相关要求。当联邦行政机构提出法规、规章的提议时，评估程序正式启动。一旦提议已经形成或者任何合理性替代方案已经形成，联邦机构必须决定这个活动提议是否会对人类环境造成潜在危险。通过评估测算，如果认定提议存在显著的环境影响，联邦机构需要面向公众作进一步陈述分析。陈述完成后，形成最终报告，说明该提议是否会对人类环境造成危险。①

我国法律的环境影响评估尚处于起步阶段。在实践层面，立法的环境影响评估也仅是个别的适用。例如，在中央层面，2000年国家环保总局组织实施了《大气污染防治法》修订，并在修订过程中运用成本效益的分析方法进行测算和评价，"包括了主要污染物排放总量预测、排污费对企业、财政收入和物价的影响、大气污染防治重点城市达到环境质量标准的费用效益分析、防治燃煤产生的大气污染费用效益分析和加强机动车排气污染控制与改善环境的费用效益分析等"②。评估主体通过科学测度，为《大气污染防治法》内容的完善提供客观依据。2007年海南省人民政府办公厅制定《关于开展立法成本效益分析工作的实施意见》，在地方层面首次明确提出政府立法应注重衡量和考虑环境保护问题，要求"政府立法项目，应当从立法成本、社会效益、生态环境效益等方面评估"。2011年青岛市人大常委会对《青岛市建筑废弃物资源化综合利用管理条例》进行立法前评估，并在评估过程中尝试对法规实施的生态环境效益等进行测度分析。2023年深圳市人大常委会对《深圳经济特区生态环境保护条例》开展实施效果评估工作，进一步完善生态环境全链

---

① 孙晓东：《立法的环境影响评估分析》，《华东理工大学学报》（社会科学版）2015年第2期。
② 朱源：《立法环境评价的实践与开展建议》，《环境科技》2014年第2期。

条保护制度。

整体来看，以上实践与探索，为我们系统开展法律的环境影响评估提供了宝贵经验。但是由于统一规范缺失，当前各地所开展的评估工作还存有疏漏与不足。例如，现有的环境影响评估主要局限于环保类立法当中，而缺少对产业发展、民生保障等其他类型法律法规的环境影响评价。虽然此类法规并非专门的生态环境保护方面立法，但它依然可能对环境产生影响和后果。环境影响评估应适用于所有法律法规当中。因而建立统一标准和可操作性实施规则就显得极为重要。为此，在总结实践经验基础上，有必要加快构建统一完善的立法环境影响评估制度。通过对评估主体、评估对象、评估程序等要素进行体系化、科学化设置，有助于提高评估的规范性，增强评估结果的精准性。

(三) 法律环境影响评估的改进与完善

第一，健全评估主体。评估主体是指组织、实施、参与评估工作的机构、组织或个人。评估主体确定不仅关乎评价结果的公正性和客观性，而且评估主体的地位、角色不同，其评估结论的效力和评估工作的侧重点也存在差异。具体而言，在法律法规制定前，环境影响评估可以由立法机关组织实施。在法律法规实施后，立法的环境影响评估可以由立法机关或执法机构组织开展。当然，鉴于环境影响评估自身的专业性、复杂性，在评估过程中可以有效借助第三方机构的专业力量。同时，立法环境影响评估的一个重要方面是解决社会公众、利益相关者对于法律草案所产生的资源环境问题的关注，是为了解决与资源环境问题相关的体制和机制问题。因此，公众参与是必不可少的环节。有效的公众参与，包括咨询会、听证会、论证会、问卷调查、网络调查等，也是重要的评价手段，应覆盖立法环评的全过程。

第二，明确评估标准。在评估实践中，评估标准是影响、决定评估科学性、实效性、可适用性等基本依据，而指标是在评估原则和标准明确的前提下，对具体标准或依据的综合体系框架。① 作为评估指标设置的重要依据，评估标准可划分为以下三部分：一是必要性。评估党内法规的制定是否符合生态文明建设的总体要求，制定时机是否适宜、是否有制定的必要等。二是效率性。通过比较成本与效益，分析法律草案的制度设计能否以尽可能小的投入获得大产出。三是有效性。评估法律实施效果能否达到预先设定的目标。法律法规在解决既有问题的同时，是否有负外部性效应等。

第三，明确评估方法。在评估立法环境影响时，可以使用的方法有很多，成本收益的定量评估方法是基本方法之一。立法环境影响评估最核心的是环境成本的评估。具体来看，评估主体要充分考虑环境影响的特殊性，尽可能将环境影响与市场价格联系在一起，对其进行货币化或量化转换，从而对成本和收益作出评估测算。例如，空气污染对农作物的损害可能减少作物产量，农作物的产量具有市场价格，从而可以较容易对空气污染的影响进行货币化。当然，并非所有的环境影响都可以与市场价格联系在一起并直接货币化。当环境成本收益无法量化或货币化时，评估主体可以采用定性分析方法，即通过描述性语言表示无法量化或货币化的环境影响，表明其重要性。

第四，规范评估程序。立法环境影响评估的程序可以分为以下三个阶段：准备阶段、实施阶段、报告与回应阶段。其中，准备阶段主要工作包括评估主体职责确定和任务分配以及制定评估方案等。实施阶段的任务是根据评估方案的指导来收集待评估法规在实施前后信息，通过对评估信息整理和分析，得到法律实施的基本情况。报告与回应阶段则是对评估工作的总结与概括。一般而言，评估报告内容包括评估目的、评估依据、评估过程、评估结论以及评估结果分析等。在评估报告完成后，为保障评估质量，有关部门应做进一步专业审查。如审核评估报告是否

---

① 王建芹、夏怡青：《党内法规实施后评估指数：理论内涵与体系构想》，《行政与法》2020年第2期。

符合成本效益评估标准，是否按照标准中的评估方法评估，是否对替代性措施开展成本收益分析，是否权衡环境风险等。对于审核通过的评估报告，立法机关应作出及时回应，并将评估结论和建议作为法规立、改、废的重要依据。

二 法律环境影响评估指标的理论框架

作为衡量和评价法律环境影响后果的重要标准，法律环境影响评估指标的构建，必须首先对指标的内涵予以界定，从而在此基础上形成一个逻辑清晰、内容完整的指标体系。同时，还应关注指标体系的整体价值，价值具有外部导向性，从外部视角实现指标体系的恰当定位，从而优化指标体系的制度功能，也进一步提升其可行性与可适性。

（一）法律环境影响评估指标体系的内涵及建构

环境影响评估指标的制度逻辑，主要是如何科学测度法律实施对环境保护带来的影响后果。环境影响评估指标的构建，应紧紧围绕生态文明建设的目标要求，使评估目的得到有效贯彻落实，同时据此开展评估活动。在评估实践中，不同类型法律法规对环境影响效果不同，评估主体据此可以选择相适应的指标，进一步优化评估效果。同时，在指标整合成体系过程中，我们应多考虑一些相对指标，尽可能减少绝对指标。指标适用范围不应拘泥于某个特定的层面，在合理可行的前提下，尽量给予指标操作的空间，从而对环境影响作出科学评价。具体来看，法律的环境影响评估指标主要依据环境影响评价中的要素识别对象来设计。依照主要的环境要素，环境影响评价可分为大气环境影响评价、水环境影响评价、噪声环境影响评价、土壤环境影响评价、生物环境影响评价等。在此基础上，我们将立法的环境影响评估指标具体划分为土壤资源影响指标、大气环境影响指标、水资源影响指标、固体废物影响指标、声环境影响指标、动植物资源影响指标、矿物资源影响指标以及生态保护影响指标。其中大气环境影响指标可再细分为气候影响指标和空气质量影响指标。同时，上述每个评估指标又进一步划分为不同层级的子指标，从而形成逻辑清晰、内容完整的指标体系。作为科学测量工具，对评估指标进行量化的意义就显得尤为突出和重要。尽管对法律的环境影响进行全面的成本和收益分析是一件比较困难的事情，但通过适合的方法还是能够在一定程度上达到该要求的。[①]

（二）法律环境影响评估指标体系的价值

首先，法律环境影响评估指标自身具有导向性、指引性，进而在价值方面具有了引导功能，是对评估工作要点与方向的明确。法律的环境影响评估指标体系的主旨脉络是不断演化、重塑的过程，涉及主体与对象之间的关联性剖析与概括，在互动中先是具体化、细化的环节，评估应具有量化、可测评的特点，在此基础上不断系统化，最终形成指标体系。法律环境影响评估指标体系引导功能的实现，需要在微观与宏观两个层次具体落实。在微观层面，具体指标及其客观量化，反向上无疑对立法质量提出了更高要求，指标完成度构成了立法目标所在，引导着立法质量的提升与立法目标的达至。在宏观层面，法律环境影响评估指标体系是全方位的引导，评估工作的展开须兼顾各个方面，全面客观的评估结果有助于全面深化评估改进工作，这是更高层次的引导。总体而言，评估指标体系实现了宏观与微观的有效结合，充分优化了引导功能，在具体操作中，引导评估工作的秩序化、合理化实践。

其次，法律环境影响评估指标体系具有评价功能，能够科学评定

[①] 孙晓东：《立法的环境影响评估分析》，《华东理工大学学报》（社会科学版）2015年第2期。

法律法规的质量和实施状况。我国生态文明建设法律制度的可操作性、针对性和科学性如何，实施状况如何，实施过程中取得了哪些成效，存在哪些问题，又如何解决等问题直接关系到评估目标的实现。毋庸置疑，对立法质量及其实施状况，可以进行定性描述和分析，这也是过去我们所采取的主要评估方法。然而定性分析虽然重要，但其主观性强，随意性大，而且评估较为模糊。因此，定量分析作为定性分析的补充，有助于实现评估结果的准确与客观。法律的环境影响评估指标体系旨在寻找和建立一个较为客观、能为人们认可和接受的衡量标准，以此来衡量和评价法律的实施效果，从而对生态文明建设的制度成效作出科学评价。

最后，法律环境影响评估指标体系具有预测功能。构建法律环境影响效果评估指标体系的目的和意义，不仅在于对立法的质量和实施效果做出正确评价，而且在于能够为法律环境影响评估工作的开展提供客观依据。因此，科学立法必然要求立法者具有一定的预测能力，在立法中对生态环境发展予以前瞻。但是，由于其复杂性，生态系统中各种因素千变万化，各种新事物、新现象层出不穷，增加了立法预测难度。开展法律环境影响评估，根据评估指标，得出评估结果，可以观测到立法后评估各项指标的变化情况，从而使立法者清楚地看到立法预期与立法实施效果之间的差距以及立法技术等方面的欠缺，从而认真总结有益经验，弥补不足，不断完善制定机制，提高立法预测能力和立法技术，制定出更高质量的法规，有助于从源头上提升立法的科学性和环境保护水平。

三 法律环境影响评估指标的具体内容

法律的环境影响评估指标作为一级指标，下设9个二级指标和32个三级指标。这些指标之间相互依存，形成了逻辑自洽、结构缜密的评估体系。同时,每个指标的具体内容,都围绕指标的内涵,以及具体的测量方法和技术展开细致的讨论。

(一) 土壤资源影响指标

对于土壤资源影响指标测度,我们具体选取土壤的质量、土壤的数量和土地使用作为土壤资源影响的下一级评估指标。

一是土壤质量影响指标:土壤质量综合评价三方面的质量因素,包括土壤肥力质量、土壤环境质量及土壤健康质量。[①] 对于该项指标的测度,我们可以通过定性或定量的方式进行评估,定量方法主要选取土壤中重金属的含量和农业残留指标作为土壤质量量化分析的观测点,以便测算和分析土壤质量受相关法律法规影响的实际状况。

二是土壤数量影响指标:对该指标可以将耕地、园地、林地、牧草地、其他农用地、居民点及独立工矿用地、交通运输用地、水利设施用地面积作为定量分析的观测点,来实际观察土壤数量所发生的变化。

三是土地使用影响指标:相关法律法规对土地使用的影响既有定性影响,也有定量影响。其中对于定量影响,我们选取有机农业、绿色农业土地使用面积,杀虫剂的使用量,有机产品的产量作为量化分析观测点,以便具体测度土地使用发生的变化。

(二) 水资源影响指标

水资源影响指标具体衡量法律实施对水资源的影响效果,我们选择污染的水源排放、饮用水质的改善、淡水资源的保护、海洋水资源的利用和用水量的节约作为评估水资源影响的具体考察指标。

一是污染水源排放指标:对于该指标的测度,我们选取定量评估

---

① 刘占峰、傅伯杰、刘国华等:《土壤质量与土壤质量指标及其评价》,《生态学报》2006年第3期。

的方法,依据排放水源的不同,分析和观测工业废水排放量、城镇生活污水排放量的变化,来测度相关法律法规对污染水源排放的实际影响。

二是饮用水质改善指标:对该指标的评估,我们既可以选择定量方法,也可以适用定性方法,当然在数据容易获得的前提下,我们优先考虑定量的评估值,如水质常规指标、饮用水中消毒剂常规指标、水质非常规指标等。

三是淡水资源保护指标:对该指标可以通过定量方法和定性方法进行测评。在量化分析过程中,我们选取地表水资源量、地下水资源量作为具体的观测点,以便评估淡水资源保护的效果。

四是海洋水资源利用指标:对该指标可以通过海水淡化工业用水量、海水淡化民用供水量等数据作为定量分析的观测点。

五是用水量节约指标:该指标可以通过水量减少、水费减少等数据来检测用水量节约的具体执行情况。

(三) 气候影响指标

对于气候影响指标的测度,我们选取温室气体和臭氧物质排放量的减少作为下一级评估指标。

一是温室气体排放指标:温室气体排放指标主要采取定量评估的方法,通过有关的水汽、氟利昂、二氧化碳、氧化亚氮等的排放量作为量化分析的观测点,测度法律法规实施以后对温室气体排放的具体影响。

二是臭氧物质排放指标:可以选取臭氧排放量作为数据观测点进行测算,从而观察法律法规实施后,臭氧物质排放量发生的变化。

(四) 空气质量影响指标

根据《中华人民共和国大气污染防治法》的规定,按照污染源的不同，我们将影响空气质量的主要污染气体划分为燃煤产生的大气污染、机动车船排放的污染、废气、粉尘和恶臭污染并作为具体的考察指标。

一是煤炭污染指标：对该指标可以通过二氧化硫、氮氧化合物、烟尘排放量等数据作为观测点进行定量分析。

二是机动车船污染指标：对该指标可以通过氮氧化合物、烟尘排放量等数据进行定量分析。

三是废气、粉尘和恶臭污染指标：对该指标可以通过二氧化硫、氮氧化物工业烟尘、生活二氧化硫、生活氮氧化物、生活烟尘排放量等数据进行测算。

（五）固体废物影响指标

固体废物影响指标测度相关立法对固体废物方面产生的影响效果。《中华人民共和国固体废物污染环境防治法》第三章、第四章对固体废物类型给出了明确规定，按其成因可分为工业固体废物、危险固体废物、医疗废物、城市生活垃圾。因此我们在现有的固体废物分类基础上，选取工业固体废物的影响、危险固体废物的影响、医疗废物的影响、城市生活垃圾的影响，作为固体废物指标的下一级指标。

一是工业固体废物影响指标。对该指标可以采取定性或定量方法进行测度。具体可通过废物产生量、综合利用量、储存量、处置量、倾倒丢弃量等数据作为观测点进行测算。

二是危险固体废物影响指标。对该指标可通过废物产生量、综合利用量、储存量、处置量、倾倒丢弃量等数据进行测算，从而实际观察法律规定对危险固体废物的影响。

三是医疗废物影响指标。该指标采取定性或定量分析方法进行测度，定量方法可通过废物产生量、综合利用量、储存量、处置量、倾倒丢弃量等数据进行计算。

四是城市生活垃圾影响指标。对该指标可采用定性或定量的方法进行测度，其中定量方法通过废物产生量、综合利用量、储存量、处置量、倾倒丢弃量等数据进行计算。

（六）噪声影响指标

噪声影响指标主要测度有关法律实施对环境噪声控制产生的效果。当前我国污染噪声来源主要包括工业噪声、交通噪声、社会生活噪声、建筑施工地噪声等。该指标可通过工业噪声、交通噪声、社会生活噪声、建筑施工地噪声等数据进行观察和评价。

一是工业噪声影响指标：主要来自生产过程中机械振动、摩擦、撞击等。

二是交通噪声影响指标：是由交通工具在运行时发出的。

三是生活噪声影响指标：主要指街道和建筑物内部各种生活设施、人群活动等产生的声音，如人群的喧哗、吵闹。①

四是建筑施工地噪声影响指标：是指建筑施工现场使用的各种机械造成的污染噪音。

（七）动植物资源影响指标

该指标下设动植物数量、品种的增加，濒危物种的保护和动植物保护区作为具体三级指标。

一是动植物数量指标：我们将其中的数量增加、种类增加作为量化分析的观测点。

二是濒危物种保护指标：是指受到人为或自然原因，不久将来灭绝

---

① 胡筱敏主编：《环境学概论》，华中科技大学出版社 2010 年版，第 228 页。

率很高的物种。该指标采取定性或定量的方法进行测度,其中我们将濒危动物种类、濒危植物种类作为指标定量分析的观测点。

三是动植物保护区指标:我国目前建立众多动植物保护区,恢复、繁衍珍贵的动植物资源。法律法规对动植物保护区产生的影响,既可以定性分析,也可以定量分析,在量化评估过程中,我们将保护区的数量、保护区的面积、保护区的级别作为指标的观测数据。

(八) 矿物资源影响指标

矿物资源影响指标测度相关法律措施对矿物资源开发产生的影响效果。由于矿物资源属于非可再生资源,其种类包括煤炭、石油、金属和非金属资源,所以我们选取煤炭资源、石油资源、金属资源和非金属资源作为下一级评估指标。

一是煤炭资源指标:该指标可采取定性或定量的方法进行测度,其中定量分析,我们选择煤炭生产量、消费量、煤炭的发电量等数据作为观测点。

二是石油资源指标:该指标可以通过定性方法和定量方法进行测度,如石油生产量、消费量等数据作为指标量化分析的数据,反映有关法律法规实施对石油资源开采带来的影响。

三是金属资源指标:该指标采用定性和定量相结合的方法,我们选取金属资源生产量、消费量等数据作为观测点。

四是非金属资源指标:该指标可以采用定性或定量方法进行评价,其中选取非金属资源的生产量、消费量等数据作为量化分析的观测点。

(九) 生态保护影响指标

生态保护影响指标具体测度立法实施产生的生态保护效果。我们选取在生态保护中最重要的影响因素作为三级指标:生物多样性的保护、自然保护区建设、风景名胜区建设、历史文化遗迹保护。

表6-1　　　　　　　　　　法律环境影响评估指标

一级指标	二级指标	三级指标	评估值
法律环境影响评估指标	土壤资源影响	土壤质量的影响	定性或定量
		土壤数量的影响	定量
		土地使用的影响	
	水资源影响	污染的水源排放	定量
		饮用水质的改善	定性或定量
		淡水资源的保护	定性或定量
		海洋水资源的利用	定性或定量
		用水量的节约	定量
	气候影响	温室气体的排放	定量
		臭氧物质的排放	定量
	空气质量影响	燃煤产生的大气污染	定量
		机动车船尾气的排放	定量
		废气、粉尘和恶臭污染	定量
	固体废物影响	工业固体废物的影响	定性或定量
		危险固体废物的影响	定性或定量
		医疗废物的影响	定性或定量
		城市生活废物的影响	定性或定量
	噪声影响	工业噪声的控制	定量
		建筑施工噪声的控制	定量
		交通运输噪声的控制	定量
		社会生活噪声的控制	定量
	动植物资源影响	动植物数量、品种的增加	定量
		濒危物种的保护	定性或定量
		动植物保护区	定性或定量
	矿物资源影响	煤炭资源的影响	定性或定量
		石油资源的影响	定性或定量
		金属资源的影响	定性或定量
		非金属资源的影响	定性或定量
	生态保护影响	生物多样性保护	定性或定量
		自然保护区建设	定性或定量
		风景名胜区建设	定性或定量
		历史文化遗迹保护	定性或定量

一是生物多样性保护指标：立法对生物多样性的影响，可通过定性或定量方法进行测度。具体可通过植物多样性、动物数量等数据进行计算。

二是自然保护区建设指标：该指标可通过保护区的数量、保护区的面积、保护区的级别、保护区管理费用等数据进行测算。

三是风景名胜区建设指标：该指标可通过名胜区的级别、名胜区的数量、名胜区面积、名胜区管理费用等数据进行测算。

四是历史文化遗迹保护指标：该指标可采取定性或定量的评估方法进行测度。在量化过程中，我们选取文化遗产修复费用、文化景区面积、文化景区管理费用等数据作为观测点，考察历史文化遗迹保护力度。

第七章 法律规制影响评估指标体系的权重设置及测量方法

皮尔逊认为,"整个科学的统一仅在于它的方法,不在它的材料"[①]。任何学科问题的研究与解决都必须形成有效的方法,从而指导理论的实践应用与发展。同样,法律规制影响评估指标体系的操作,离不开一套科学方法予以指导。评估指标测量方法具体包括指标权重设置、指标数据收集以及指标计算量化三个方面。借助一套科学的计算方法,进一步优化评估指标体系,有助于保证评估过程顺利展开,从而提升评估结果的准确性和客观性。

一 法律规制影响评估指标的权重设置

(一)指标权重设置的原则

一是系统优化原则。在法律规制影响评估指标体系中,不同指标相对于整个指标体系来说都有其独特的评估价值和意义定位,是系统化指标体系的有机构成。因此在设置不同指标的权重时,不但要考量评估指标本身因素,更要兼顾评估指标其他各方面因素,应妥善处理和解决好各个指标间的关系。包括同一级指标之间,不同层级指标之间,经济指

[①] [美]卡尔·皮尔逊:《科学的规范》,李醒民译,华夏出版社1999年版,第15页。

第七章 法律规制影响评估指标体系的权重设置及测量方法

标与社会指标、环境指标之间，都要确保彼此间的协调，从而对指标的权重进行合理分配。在充分理解系统原则的基础上，将指标体系看作一个完整的系统，并把整体最优作为体系建构的基本出发点和追求目标。因此，法律规制影响评估指标体系中的各项具体指标，需要考量具体指标各自对整个评估指标体系的效应，从而对具体指标的重要性作出对比性判断。权重的设置要结合评估目标以及整个指标体系系统优化的要求，权重既不能平均设置，也不能过于突出某项指标的重要性，造成其他指标作用和效果的失衡。

二是科学客观原则。指标的权重设置也要遵循科学客观的原则，科学性要求权重赋值依据科学的方法，科学的方法能够有效保证权重赋值的准确。在评价过程中，权重赋值合理与否对评估结果有至关重要的作用。客观性具体要求指标的权重应如实反映指标在评估中的重要性。评估者要根据实际情况，给各项指标分配适合的权重数值，减少主观因素的影响，降低不必要的误差。在权重分配的过程中，也要注意规避外部环境的干扰。包括以当下工作目标及政治要求，来有针对性加强或减少某些指标的权重，这都不符合指标权重的客观原则。因此，科学客观定位各项指标的重要程度，将有助于整个评估活动的顺利开展，保证评估结果的真实有效。

三是权重设置要考虑指标的可测性。指标的可测性是评估指标体系运转的前提条件，可测性是指标权重设置的重要考量因素。在理论上设计的评估指标体系里，尽管部分评估指标所反映内容比较重要，但实际操作中其可能面临可测性较差的难题。如果没有可测性较强的相近或类似指标来代替，此时指标测算缺乏准确性、客观性而极有可能导致评估结果无法有效反映评估内容，为了避免这种现象应当减少该指标的权重。与这种情况相反，对于可测性较强的评估指标，可以适当提高其权重，并且可以借助类似方法对可测性较差的指标予以替代。

(二) 指标权重设置的主要方法

一部法律通常会有多个面向的影响，相关评估会涉及多个不同指标。科学设置不同指标的权重就成为评估成败的关键。依据客观、准确、便于操作的原则，我们选择适合的权重设置方法赋予指标权重，应对法律规制影响评估指标复杂、多样性的要求，减少指标测量的误差，有效保障评估的科学性。目前在多指标的综合评价方法里，指标权重的设置主要包括两大类：主观赋权法和客观赋权法。其中，主观赋权法采取定性的方式由专家根据主观经验进行判断而得到权重，如模糊方程求解法、专家决策咨询法、专家排序法、古林法、层次分析法、德尔菲打分法等。客观赋权法则是依据指标之间的相关关系或各项指标的变异系数来确定权重，如离差最大化法、均方差法等。两种方法的特点各不相同，主观赋权法通过专家经验衡量各指标的重要性，但存在一定的主观性。客观赋权法综合考虑指标间的相互关系，通过各指标所确定的初始信息来确定权重，能够达到评价结果的准确，但当指标较多时，计算量非常庞大复杂。这里我们选取主观赋权法中的古林法以及客观赋权法中的均方差法模型简要介绍如下：[1]

表7-1　　　　　　　　　古林法确定权重事例

序号	评价指标	R_j	K_j	W_j
1	A_1	R_1	$K_1 \cdot K_2 \cdots K_{n-1}$	W_1
2	A_2	R_2	$K_2 \cdot K_3 \cdots K_{n-1}$	W_2
3	A_3	R_3	$K_3 \cdot K_4 \cdots K_{n-1}$	W_3
…	…	…	…	…
n	A_n	—	—	W_n
合计		注：R_j 为 A_j 对 A_{j+1} 的相对重要程度	$\sum K_j$	100

---

[1] 高光贵：《多指标综合评价中指标权重确定及分值转换方法研究》，《经济师》2003年第3期。

第七章 法律规制影响评估指标体系的权重设置及测量方法

（1）均方差法确定权重的公式为：

$$W_j = \frac{\sigma(G_j)}{\sum_{j=1}^{n} \sigma(G_j)}$$

$$\sigma(G_j) = \sqrt{\sum_{i=1}^{m}(Z_{ij} - E(G_j))^2}$$

$$E(G_j) = \frac{1}{m}\sum_{i=1}^{m} P_{ij}$$

这里，P_{ij}——第 i 个评价对象的第 j 个指标的评分价值

W_j——第 j 个指标的权重值

G_j——第 j 个指标

在法律规制影响评估指标体系中，由于指标数量较多、指标体系较为庞大，指标涵盖的范围相当宽泛、内容复杂多样。相比较而言，主观赋权法的理念更符合法律规制影响评估指标体系的要求。它通常能够在指标数量较多时，获得较准确的评估结果。当然主观赋权法中各种具体方法也都存在各样的不足。例如，专家咨询的方法往往带有主观经验性和随机性的缺陷，模糊方程求解则需要预先给定各样本的优劣顺序，条件要求又较严格。而参照当前我国各地正开展的法治评估实践，包括香港、余杭、四川等地设计的法治评估指标均使用了德尔菲打分法来设置权重，界定每个指标的重要性。德尔菲打分法通过专家匿名的方式多次征询评估问题的意见，从而获得相对一致的评估结果。该方法的运用也为全面实施法治评估指标的权重设置提供了有益的借鉴和参照。因此，对于法律社会影响评估指标的权重划分，我们具体可采用德尔菲打分法：对各项指标从重要到次要进行排序打分，并将专家意见进行整合与集中，然后把专家打分的结果转化为具体的数值。具体分析，通常最重要的指标打 10 分，次要的指标打 9 分，以此类推，排在最后一项打一分，得出每位专家对各项指标实际打分总和为相同的常数。最后再将各项指标的得分分别求和并分别除以上述得分总和与专家人数的乘积，得到各项指

标的实际权重。① 但在多层次的评估指标体系中，采用德尔菲打分法无法直接比较处于不同层次的因子重要性。"需要采用层次分析法，建立层次结构模型然后求解判断比较矩阵的特征向量、并使其通过一致性检验（归一化），从而实现对各层次最基础因子的影响大小进行量化比较。"②

（2）德尔菲打分法公式：

$$\sum_{i=1}^{n} Q_i = 1$$

二 法律规制影响评估指标的数据收集

在法律规制影响评估指标具体操作中，为了保证评估结果的客观、准确，必须获得多样化的客观数据。指标的合理科学设计是法律评估的前提，而评估资料与样本的真实有效是评估的关键所在，在一定程度上决定了评估存在的必要性。真实有效的数据是保证指标体系规范运行的前提和基础。由于法律规制影响评估指标所涉及的内容来源于各个层面，涵盖经济、社会、环境等重要因素，指标因子测量往往具有不确定性。当前评估实践中，不同评估数据都需要解决评估数据来源的可信性问题以及评估数据样本的客观性问题。法律规制影响评估指标应当认真对待数据来源和数据收集问题，科学恰当地整合客观性的事实数据与主观性的感知数据，以规避评估数据的可信性问题以及客观性问题。评估指标的数据收集问题，涉及收集主体与收集方式等方面的内容。

（一）数据收集的主体

从评估者的角度来看，指标数据主要来源于两个渠道：一是来源于

---

① 宋健峰、袁汝华：《政策评估指标体系的构建》，《统计与决策》2006年第22期。
② 易卫中：《地方法治建设评价体系实证分析——以余杭、昆明两地为例》，《政治与法律》2015年第5期。

第七章　法律规制影响评估指标体系的权重设置及测量方法

直接的调查和科学实验，这种方法较客观和方便，我们称为第一手数据或直接数据。二是来源于其他人的调查或实验的数据，这是数据的间接来源，我们称为第二手数据或间接数据。因此，收集主体的不同影响着数据来源的方式，对于最终评估结果的信度和效度也会带来明显的差异。而法律与其他社会公共政策一样，其本质属性是公共属性。法律调整社会的整体利益，是多元利益的整合与统一，法律规制影响评估作为立法过程中的重要环节，其指标体系构建也是调和不同利益的体现，特别是对待同一问题，不同受众对象的认识很难达成一致。所以评估指标不仅在评估对象的选择上，而且在评估数据的收集上都应反映公众的基本诉求和社会利益的多元化。因而评估数据收集要关注多元群体的利益需求，尤其要科学界定数据影响的目标群体和相关公众，它对保障公众有效参与法治评估并牢固确立起主体地位发挥着至关重要的作用。

传统的立法评估把国家机关视为公共利益和公共性的代表，并往往将其作为唯一的评估主体。由于它们掌握公共权力资源，为了达到评估的预期目标，满足自身的利益需求，数据收集采取的方式比较单一。这导致数据处理的结果常常不够客观、全面，并带有个人或部门利益的烙印。而公共组织以外的数据收集主体又一般难以获得法律实施状况的基本信息，且自身不具有强制性和权威性，调查对象不协作的情形时有发生，致使数据收集过程中执行力不强、效率较低。另外，立法评估应当体现公众的偏好，同时要积极对民意进行回应。正源于此，法治评估机制从准备工作到程序运行再到结果反馈、调整都应努力符合公众意愿及价值判断。指标数据作为评估准备工作的核心，要积极反映社会真实需求。因此，数据收集的主体应是多元化的安排，即由官方机关为主导，社会公众及第三方组织积极参与数据收集，保证评估结果的客观、公正。当然，我国目前在立法评估中对数据收集主体的规范尚无统一认识，在执行过程中也没有统一标准。至于何种主体最能保证数据收集的时效，还需我们总结实践经验，在条件成熟时，实现收集主体的统一化和规范化。特别提及的成熟的第三方法治评估机制，对优化数据收集主体具有重要意义。"关于第三方法治评估，需要正确认识第三方评估的性质与价值、科学界定评估受托方的权责、打破多元主体的传统惯习，并建立有效的接纳机制。"①

(二) 数据收集的方式

指标数据的来源方式一般分为两类：一是调查或观察，二是试验。通常调查是获取社会科学数据的重要手段，而试验则是取得自然科学数据的基本手段。结合法律规制影响评估的目标及特性，法律规制影响评估指标的数据来源可考虑以下几种方式：一是调查和统计的数据，二是资料文献的分析数据，三是专家投票获得的数据，四是公众调查的数据。

调查和统计主要是由官方组织实施的信息数据收集活动，当然也包括非营利组织实施的调查和统计。例如我国定期进行人口调查、农业调查、工业调查等，通过各种普查及相关调查项目，以便官方掌握有关国情、国力的基本统计信息，为大政方针的合理制定提供客观的事实依据。法律规制影响评估所考察的内容同样会涉及来自国家、社会各个层面的信息，既包括法律对国家政治的影响，又包括法律是否稳定社会经济秩序，还包括法律对生态保护的要求等信息内容。正是源于多方位的信息需求，因此政府官方组织的统计调查是满足该项需求的有效工具，政府调查和统计的数据是评估指标体系最为主要的信息来源。资料文献的分析主要是在数据收集整理过程中通过对比先前同期的数据信息状况，从而对现有评估数据能够形成清晰的认识。另外对于定性指标产生的影响也可以通过查阅相关文献资料，确定评价定性影响的相关要素，实现定性数据获取的有理有据。专家投票获得的数据主要为定性指标的数据，对于某些难以直接量化的法律规制影响评估指标，我们可以面向对该领

---

① 张玲：《第三方法治评估场域及其实践逻辑》，《法律科学》（西北政法大学学报）2016年第5期。

域有专门知识的专家学者获得定性判断的结果,并在此基础上赋予相应数值。公众调查的数据主要是提供日常生活各种法律规制影响评估的信息收集,将自己真实的感受反映到调查的数据中。但实践中,调查的数据极少有完整无缺的,总会有人拒绝调查或遗漏某些调查事项,此时我们可以采取均值、中位数、众数、回归插补、期望值最大化插补等方法来弥补数据的异常,并对数据实施标准化的处理。

三 法律规制影响评估指标的具体测量方法

在法律规制影响评估指标的测算方式上,大致存在量化分析与定性分析两种方案。在评估指标体系中,整体上可以划分为定量评估指标与定性评估指标两种类型,源于类型划分对法治评估指标的测算应结合定量分析和定性分析,并且以评估指标量化分析为主、定性分析为辅的测量思路。

(一) 法律规制影响评估指标的量化分析

评估者首先要考虑对评估指标进行量化处理,我们可以依据具体情形采用不同的测量尺度,对指标的价值予以数量化;然后在量化基础上对指标进行统一的数据处理,完成指标的计算。

针对指标的具体量化问题,我们主要测度每项指标产生的成本和收益,即指标在实践中受法律作用所产生的积极影响和消极影响。积极影响主要指法律实施对社会经济发展带来促进作用,即法律产生的收益。消极影响则主要指法律实施对社会经济发展带来的消极作用,即法律运行的成本。因此,指标量化是对每项指标的收益和成本进行测算,并且通过测算获得较为精确的成本与收益货币值。通常来讲,一部法律的成本都能够通过具体的货币值来反映,但法律产生的收益有时却难以直接货币量化。例如针对就业影响指标、公共服务影响指标的测度,由于它们的收益往往不能在市场价格中得到直接反映，此时就需要借助专业量化方法进行货币化的价值转换。具体包括陈述性偏好法和显示性偏好法等。其中，陈述性偏好的方法主要通过问卷调查方式，询问被试者给定结果的价值问题，即被试者愿意为非市场化影响产生的收益或损失支付多少货币。目前，该方法已被广泛运用于法律的环境影响评估中，衡量有关立法对空气质量、水质变化以及健康医疗等方面的价值。而显示性偏好方法则通过考察社会主体的选择来推测偏好，即利用公共产品和市场化产品之间的互补性和替代性关系来推断出私人品市场交易过程中归属于公共品的价值。[①] 显示性偏好的方法依据有关产品价值的转换，从而量化指标数值来评价一部法律实施的社会效果。如旅行成本法、享乐价格法、行为转化法等都属于常见的显示性偏好方法。

（二）法律规制影响评估指标的定性分析

"定性分析方法是评估者根据自己的经验和知识，综合运用逻辑思维，通过对评估对象的性质进行分析和判断，进而形成对法律法规实施的效果、体系和过程的基本评判"[②]。定性分析对研究对象的性质、特征、行为、关系等进行深入理解和解释。它关注于"为什么"和"怎么样"的问题。定性分析方法基于诠释社会科学的理论，包括解释学、建构主义等内容，充分发挥人的主观意图去评判影响指标的价值。

虽然法律规制影响评估指标体系以量化为预期，但对于某些特殊的定性指标，它们的实施效果涉及社会价值、道德理念等问题，此时就难以用货币来具体衡量。我们只能通过定性描述的方式来说明法律对相关利益群体的影响程度，对这些指标的效果进行细致说明，从而补充整体

---

① 刘蓉、王雯：《从显示性偏好到描述性偏好再到幸福指数——公共品价值评估的几种研究方法述评》，《经济评论》2014年第2期。
② 负杰、杨诚虎：《公共政策评估：理论与方法》，中国社会科学出版社2006年版，第273页。

第七章 法律规制影响评估指标体系的权重设置及测量方法

量化的不足。以社会公平正义影响指标为例,对于该指标我们可以通过上访人数、廉洁指数、社会公平感等数据来反映一个国家或地区的社会公平正义程度。但是社会状况的复杂性和多样性,使得这些数据有时难以准确反映现实问题。社会公平正义既有形式意义上的公平正义,更重要的是达到实质意义上的公平正义。因此,针对这一指标测度的问题,我们应采取定性分析方法,科学评价法律实施对社会公平正义产生的影响后果。整体来看,定量研究更多的是整体性的描述与比较,质性研究可以集中于特定问题甚至个案问题,从而有助于评估的深入剖析,这也是相对于量化方法的优势所在。[①]

(三) 法律规制影响评估指标信度与效度审查

指标的信度、效度检测一般需要将实际调研的数据代入模型进行审视,来确定指标之间的关联性及因果关系。因而法律规制影响评估指标的信度与效度检测主要基于指标数据的稳定性和协调性目标来开展。当前对于指标数据稳健性考察工具,我们可以适度借鉴世界正义工程检视法治指数时所使用的统计审查方法,如折半信度法、科隆巴赫系数法等,并以此来提升法律规制影响评估指标在实际运用中的科学性和严谨性。

信度即可靠性,它是指测量结果的稳定性和一致性的程度。指标的信度多以相关系数来确定,其中系数值越高,指标的数据就越稳定,可测量的程度也越高。一份信度系数好的量表和问卷,系数值一般最好在0.8以上。目前实践中常用的信度系数包括内在一致系数、稳定系数、等值系数等,它们都有效保证了数据来源的可靠性。另外,信度审查的方法主要有四种类型:重测信度法、基本信度法、折半信度法和科隆巴赫系数法。科隆巴赫系数法是目前社会科学研究最常使用的信度分析方

[①] 张德淼:《法治评估的实践反思与理论建构——以中国法治评估指标体系的本土化建设为进路》,《法学评论》2016年第1期。

法，评价的是量表中各题项得分之间的协调性，适用于调查问卷的信度分析。① 而在法律规制影响评估指标问卷的信度检测过程中，我们可以通过 SPSS16.0 软件以及 AMOS 软件对有关问卷答案回收数据的合理性进行审查，并将不采信的问卷及数据剔除在最终评估结果之外。

效度即有效性，它主要测量评估指标之间的效用关系，即指标之间是否具有密切的关联性。法律规制影响评估指标体系的定量观测点为指标效度检测的开展提供了有用的数据来源。效度检测内容主要包括三种类型：内容效度、准则效度和结构效度。内容效度是指测量指标与测量内容之间的适合性与相符性，对内容效度常采用逻辑分析与统计分析相结合的方法进行评价。结构效度也称构想效度、建构效度或理论效度，是指测量工具反映概念和命题的内部结构的程度，即上下级指标之间、同级指标之间具备某种关联性。而评估者对于指标效度检验的具体操作同样可以通过 SPSS16.0 软件以及 AMOS 软件，并建构结构方程模型分析因子变量，保证指标体系整体的结构效果。

（四）法律规制影响评估指标体系的计算工具

对于法案整体的评估，需要结合所有相关的影响指标，无论它们以定性、定量或货币化方式表示，从成本和收益方面进行比较，为评估提供有利的分析框架。在比较不同方案时，指标体系应借助有效的计算工具，包括成本收益分析、成本有效性分析和风险分析等，将指标测量结果予以整合，获取最终的评估结果。

1. 成本收益分析法

该方法通过测算成本收益值来评价各种方案质量，在此我们将成本收益分析作为开展法律影响评估的主要方法。同时根据指标体系在具体评估中的量化情况，成本收益分析可分为两种类型：全局的成本收益分

---

① 孟涛：《法治的测量：世界正义工程法治指数研究》，《政治与法律》2015 年第 5 期。

第七章 法律规制影响评估指标体系的权重设置及测量方法

析（full cost-benefit analysis）和局部的成本收益分析（partial cost-benefit analysis）。①

全局的成本收益分析：它主要指对某部法律的影响进行评估时，所涉及的指标能够被量化。评估者通过计算社会、经济、环境方面的成本和收益，获得法律影响的净收益，从而证明该法律的监管措施是有效的。

局部的成本收益分析：它指在对法律影响进行分析时，使用的评估指标只有一部分可以进行量化和货币化，另一部分涉及的指标只能做定性分析。由此产生的评估结果属于定量和定性的结合，它们共同反映该部法律的影响效果。

成本收益分析的主要步骤：第一，列出指标涉及的成本和收益；第二，以货币形式表现成本和收益的价值，对未来的货币值要使用统一的贴现率（可参照中国人民银行公布的汇率）；第三，分别加总有关的成本和收益，计算出净收益。

成本收益的计算公式：$P = \sum_{i=0}^{n} \frac{B_i}{(1+r)^i} - \sum_{i=0}^{n} \frac{C_i}{(1+r)^i}$

收益加总：$B_n = B_1 + B_2 + B_3 + \cdots B_{n-1}$

成本加总：$C_n = C_1 + C_2 + C_3 + \cdots C_{n-1}$

2. 成本有效性分析

在对某些法律的收益难以做出精确测量的情况下，如医疗、卫生、健康等方面的立法，为了达到评估预期目标，评估者可以采取比较法律成本与特定目标的有效性程度，从而获得评估结果。成本有效性分析方法一般适用在立法前的影响评估程序中，通过比较不同立法方案的法律成本，从而为决策者处理问题提供了新思路。在法律规制影响评估指标体系的框架中，我们列举了一些以排放数额为观测点的三级指标，包括污染气体排放量、能源排放量、废水排放量等，而这些信

---

① 席涛等译：《立法评估：评估什么和如何评估——美国、欧盟和OECD法律法规和指引》，中国政法大学出版社2011年版，第121页。

息对于开展立法成本有效性评估有重要的作用。例如为了改善空气污染状况，立法者拟制定二氧化硫排放的管理规章，"通过使用线性规划模型，对现行二氧化硫管理规章下的成本进行评价，发现相比控制污染气体排放限额而言，更重要的应该是改变现行的管理制度，许可气体交易制度"[①]。所以成本有效性评估方法能够有效利用资源，解决当下许多环境决策的问题。

3. 风险分析

风险分析方法主要用于预测和评价经济社会运行中潜在的风险，以及这些风险可能会对经济、社会和环境产生的后果及消极作用。根据法律规制影响评估指标的内容，评估者应综合考量立法行为对社会、经济和环境发展可能带来的损失，从而有针对性地提出预防和化解风险的措施，实现社会秩序稳定。因此风险分析对涉及经济安全、社会安全和国家安全的监管尤为重要，甚至在股权交易、投资理财过程中发挥着十分显著的作用。当前面对社会各类潜在的风险危机，决策者应当建立各项预警指标及应对措施，特别在立法制定过程中应当作出及时准确预判，并将影响公众及社会秩序的风险要素纳入立法者的考量之中，从而使法律法规实施过程中可能发生风险的概率降至最低。在实际的评估中，风险分析方法通常和成本收益分析联合使用，全面评价立法对经济、社会和环境保护可能带来的损失，立法者应尽量压缩风险的覆盖范围，从而实现立法效益最大化。法律的影响包括正面影响和负面影响，因而每项指标测度的结果都有可能是负面的影响。评估者应当在具体的评估程序中，认真分析法律法规可能会给经济、社会、环境发展带来损失及资源消耗，并测评社会对法律风险的承受力，将发生风险的可能性降至最小。

---

① 梁美健、赵丽缦：《成本有效性分析研究述评》，《北京工商大学学报》（社会科学版）2013年第1期。

附论一　某市《供水管理规定》规制影响评估

我们以某市《城市供水管理规定》（以下简称"《供水规定》"）作为分析样本，检验法律规制影响评估指标体系具体的操作性以及该部法规实施的效果。《供水规定》于某年某月进行修改、完善。由于法律规制影响评估指标体系涵盖立法前、立法中和立法后三个阶段，为了便于数据收集并保证评估结果的准确性和真实性，我们选取新修改的《供水规定》作为此次评估的对象，即评估时间范围是《供水规定》修改后1年的实施效果。我们通过对《供水规定》产生影响的成本和收益进行分析，从而为供水管理部门更好地完成供水服务工作，提供有效的数据支持和修改建议。

一　评估准备

（一）《供水规定》的成本收益数据来源说明

由于《供水规定》在实施过程中产生的影响既包括积极影响（立法收益），也包括消极影响（立法成本），而且每种影响对利益相关者的作用也各不相同。因而在影响评估的过程中，我们需要认真搜寻各项立法成本和收益，其中立法成本除了包括经济、社会和环境成本以外，还包括法律自身的运作成本,即立法制定的成本。虽然该项成本在评估指标体系里没有具体说明,但它是法律成本的重要组成部分,也是法律运行的前提和基础。所以《供水规定》的影响分析应当重视立法自身的运作成本,将其纳入法律影响评估的范畴,进行成本收益的分析。而对于《供水规定》开展有效的成本收益分析工作,评估者首先要建立科学的数据来源渠道,即成本收益的数据结果必须经过客观、公正的调查方法统计获得。所以在进行成本收益分析之前,有必要对我们此次调研的方法进行简单说明。《供水规定》的数据来源主要是经由法规调研、实地访谈以及问卷调查等方法的统计获得。其中,法规调研是针对《供水规定》的制定者进行的调研,其内容主要包括立法制定过程中的自身运作成本。实地访谈则是对供水行政主管部门、供水企业的社会公共服务成本进行调研,范围包括执法成本、司法成本以及水质、水价等供水服务的基本事项。问卷调查是在法规调研、实地访谈的基础上进行的补充性调研,主要针对《供水规定》的社会收益、经济收益以及环境收益等事项调研。三种调研方法所获取的数据总量综合反映《供水规定》的实施状况,也为我们进行影响评估分析提供了数据支持。此外,对于各指标在该法律评估中的权重,我们采用德尔菲打分法予以确定。[①]

(二)《供水规定》样本采集与问卷设计

由于问卷调查的初衷在于弥补法规调研、实地访谈中的不足,调查问卷的设计和样本采集采取了居民用户和企业用户相分离的调查方式,即《居民问卷》和《企业问卷》。如此安排主要是基于以下考虑:

1. 调查数据的准确性与全面性考量

在法规与政策调研、实地访谈中发现,《供水规定》与供水企业针

[①] 指标权重主要通过德尔菲打分法获得,即由专家对各个指标进行打分,并在整理、统计之后,再反馈给各位专家,并征求权重设定意见,直至获得比较公正的权重。

附论一　某市《供水管理规定》规制影响评估

对不同饮用水用户（主要是居民用户和企业用户）分别做出了不同的供水方案，例如：水价、供水设施维护、法律责任等。有鉴于此，调查问卷的设计与样本采集应当分别反映两类饮用水用户的具体情况，以便明确《供水规定》在不同主体之间的实施现状。

2. 受访对象及受访范围的选择

按照饮用水用户的二分法，我们在选取受访对象上遵循了调查问卷的分类方法。也就是将受访对象按照居民用户与企业用户的不同，分别进行样本采集。对于居民用户的问卷调查，我们在某市范围内分别选取了5个观测点。这5个观测点以生活小区为基本单位，按照建设时间、住户数量、周边繁华程度等条件的差异进行选取，保证了问卷调查结果的全面性。对于企业用户而言，主要按照企业规模不同，将受访对象分为了大型企业用户、中型企业用户以及小型企业用户，并按照相同比例进行了问卷调查。

《居民问卷》主要分为6个部分，分别是受访者基本信息、城市供水管理情况的认知、城市供水管理运行情况、条例对居民用户的成本收益影响、供水管理服务评估量表以及开放性建议。其中包括33个元问题、9个派生问题，共计42个调查问题（含主观问题1个）。调查方式采取随机抽样调查法，主要是在选定的5个测试点内进行随机调查。调查问卷的总份数为100份。通过调查，我们发放问卷100份，并收回有效问卷100份。在对问卷调查结果进行初步整理后，将有效数据输入SPSS16.0软件中进行数据处理并得出统计结果（见下文）。

《企业问卷》的问题设计与《居民问卷》相近，但根据企业用户的特殊情况和《供水规定》的有关规定，我们专门设计了某些问题，以观测《供水规定》在企业用户中产生的效益。总体来看，《企业问卷》分为6部分，包括37个元问题、11个派生问题，共计48个调查问题（含主观问题1个）。调查方式采取随机抽样调查法，并按照企业规模的不同等量分配问卷调查数量（小型企业受访数量为34家）。调查问卷的总份数同样为 100 份。通过调查，我们发放问卷 100 份，并收回有效问卷 100 份。在对问卷调查结果进行初步整理后，将有效数据输入 SPSS16.0 软件中进行数据处理并得出统计结果（见下文）。

二 评估过程

《供水规定》的影响评估分析反映了人们对该条例实施状况的总体评价，通过对经济、社会和环境影响的成本收益进行分析，进一步揭示《供水规定》的制定、实施是否产生了立法者预想的社会福利增量。同时也反映出《供水规定》中的哪些条款、制度、程序设定产生阻碍作用，需要改进和完善，从而为某市立法机关修改该条例提供科学依据。

（一）《供水规定》产生的影响成本

1. 立法自身运作的成本

立法自身运作成本是指法律制定过程中人力、物力、财力、时间成本等公共资源的支出费用，包括立法准备成本、立法审议成本和立法完善成本等三个阶段的费用支出。从我国现行立法体系及财政预算拨付情况来看，立法自身的运作成本属于立法的必要支出费用，由财政预算予以支持。因此，《供水规定》的自身运作成本主要通过实地调研的方式，从相关政府部门直接获取。

经调研获知，《供水规定（修订草案）》由某市城乡建设部门、司法行政机关、水务集团以及自来水厂共同讨论完成，并通过专家座谈会、网上征求意见等方式，广泛听取群众意见和建议，特别是用水企业的相关意见和建议。在整理、归纳、吸收多方意见的基础上，最终形成《供水规定（修订稿）》，并进行审议、通过。另经调研发现，立法准备、审议和完善的工作这三个阶段的立法运作成本情况如下（见表1）。

附论一　某市《供水管理规定》规制影响评估

表1　　　　　　　　立法自身运作成本量化

立法过程 运作成本	立法准备成本	立法审议成本	立法完善成本	成本合计①
费用（万元）	20	10	30	30

前述已经表明，本评估所选取的《供水规定》严格来说，属于一种立法修改活动。但在此兼具法律制定、法律完善的双重性质。基于此，我们将《供水规定》的修订过程视为一次新的立法活动。因此《供水规定》"立法准备成本"与"立法审议成本"构成了"立法完善成本"的阶段性成本，也就是说《供水规定》的自身运作成本为"立法准备成本"与"立法审议成本"之和，即30万元。

2.《供水规定》的社会成本

立法社会成本是指某一立法活动对整个法律体系的运行所产生的社会资源损耗。供水管理活动属于政府提供的公共服务措施，《供水规定》的颁布表明了政府为改善公众生活所提供的制度保障，尤其是通过加强对供水基础设施的建设与管理，保障供水、水质安全，提高供水管理的效率。依据我们设计的法律影响评估指标体系，《供水规定》的社会成本主要体现为政府履行社会公共服务职能所需的各项支出，包括相关行政机关的执法监督成本、司法机关处理供水纠纷的审理成本等，即执法机关、司法机关在社会管理中的费用支出。为了明晰《供水规定》中社会成本的数值，我们分别对执法成本和司法成本进行调查、评估。详述如下：

执法成本。对于执法机关而言，其职务行为实质上是按照法律规定，实施社会管理、公共服务和自我监督的行为。以《供水规定》的制定与实施为例。该条例第四条规定，某市城乡建设委员会是该市城市供水的

---

① 由于评估对象为《某市城市供水管理规定》的修订版本，故整个评估过程中的立法自身运作成本事实上就是立法完善成本。因此，《供水规定》的立法直接成本等于立法完善成本。

主管行政部门,负责城市供水的监督管理工作。该条款的立法结果是,城乡建设委员会必须在日常职能范围内增加供水监管职能,由此导致的一系列并发性成本支出——如行政人员办公经费、工作量的增加、职务活动的有序安排以及监管设备的购买等——经过实地访谈发现,城乡建设委员会对于城市供水的监管工作,基本处于"人少事多"的局面,并且财政预算额度较小,为15万元。

司法成本。对于一部完整的法律而言,权利、义务、责任构成其基本的制度架构。而司法则是实现这一制度架构的保障机制。众所周知,司法机关对违法犯罪行为的惩处需要损耗一定的公共资源,此即立法活动衍生的司法成本。从我们的实地调研以及问卷调查情况来看,自《供水规定》颁布及修订以来,共发生供水纠纷10起。但是,无论是双方和解、调解方式抑或未能解决的纠纷,均未向法院提起诉讼。因此,对于《供水规定》而言,由于该项立法并未增加司法机关的运行成本,因此,其司法成本为0元。

3.《供水规定》的经济成本

《供水规定》在实际运行的过程中,同样会对居民和企业带来各种影响,例如第二十四条规定:"禁止盗用或转供城市公共供水。"在未经供水行政主管部门许可的情况下,公民、社会组织乃至政府机关都不得盗用或转供城市公共供水。如果违反条例的要求,就应承担相应的责任(如缴纳罚金、滞纳金等),从而使居民和企业在经济上受到一定损失,即便守法主体急需饮用水,也只能在法律规定的范围内选取解决方案,如购买桶装水或输水管道。因而这里所指的经济成本即守法成本,我们将其分为以下三类:

居民守法的经济成本。从问卷调查的结果来看,我们以"滞纳金缴纳情况"来检测居民的守法情况,结果发现,在100名受访者中,仅有3户居民存在缴纳滞纳金的情况,占受访总人数的3%。也就是说,某市居民用户普遍能够遵守《供水规定》第二十六条的规定。

企业用户守法的经济成本。我们同样选取"滞纳金缴纳情况"(见表4)来检测企业的守法情况,结果发现,在100名受访者中,仅有3户企业存在缴纳滞纳金的情况,占受访总人数的3%。其中,3家企业分别缴纳的滞纳金数额是50元、300元、500元。由此发现,企业用户普遍能够遵守《供水规定》。

综上所述,我们认为,《供水规定》的守法经济成本较低,几乎可以忽略不计。因此,在《供水规定》影响评估分析中,经济成本不作为立法成本的计算项目。

4.《供水规定》的环境成本

根据设计的评估指标体系,并结合《供水规定》实际环境效应,我们认为《供水规定》的环境成本应主要发生在"水资源影响"指标上。即由供水厂家排放废水所导致的治理经费投入,经实地访谈调研,自来水厂在制取生产过程中都会将所产生的泥渣、废水排入外部水体,每年因此投入的排污治理费用约为200万元。

(二)《供水规定》产生的影响收益

1.《供水规定》的社会收益

法律的社会收益评估是评估法律实施所能带来的社会效用。一般认为,法律所产生的社会收益包括以下几个方面:社会生活、社会就业、公共服务、社会基本价值以及社会保障。但经过实地访谈和问卷调查发现,《供水规定》的作用范围集中在社会生活、公共服务以及社会基本价值领域,而在社会就业和社会保障方面的促进作用并不明显。因此,我们在社会收益量化评估上,仅选取社会生活、公共服务以及社会基本价值作为二级观测指标。需要说明的是,无论是社会收益、环境收益,还是经济收益的计算,我们均选择以"消费者(包括个人及家庭)收益"指标(实际收益额为500万元)作为估算标准,并结合各指标的具体权重来测算该项指标的实际收益。选择"消费者个人及家庭收益"作为标准的理由在于我们能够从供水单位获得新修订《供水规定》实施一年来的具体数值进行测算，这样能够保证各指标数据的准确性。各类立法收益情况如下：

在社会生活收益上，《供水规定》的实施主要影响的是居民的生活用水。其内容包括水质、水费、供水时间、供水污染、供水设备安全等。经我们的调研发现，某市实行的是二级梯度水价，即以 12 吨/月为衡量标准，第一级水价是指居民基本生活用水量，为每户 12 吨/月，水费标准为 2.85 元/吨（见表2）；第二级水价则是对每月用水量超过 12 吨的部分计以两倍水价，即 5.70 元。但是按照调查问卷的统计结果，某市居民每月缴纳 30 元以内水费的居民用户占 57%，尤其是每月缴纳水费 20 元、30 元的居民用户居多（见表3）。这表明，以 12 吨水作为梯度水价的分界线，既符合居民用水需求，也实现了《供水规定》第五条关于"节约用水"的目标。按照实地访谈的结果和指标权重进行测算，《供水规定》所带来的社会生活收益为：消费者收益/7.24% × 11.34%（即 500 万元/7.24% × 11.34%），结果为 783.15 万元。由于二级梯度水价所带来的经济压力较高，所以居民用户往往选择在第一级用水额度内使用饮用水，因此在一定程度上也实现了节约用水的目标，这是社会基本价值收益的重要体现。依据"消费者收益"的数额以及权重比，《供水规定》的社会基本价值收益应该是：消费者收益/7.24% × 7.22%，结果为 489.62 万元。

表2　　　　　　　　　　某市水价及其构成①

用水类别	水价及构成（元/立方米）				
	到户水价	基本水价	水资源费	污水处理	城市附加
居民生活	2.850	1.700	0.350	0.800	0.000
机关事业	3.700	2.250	0.350	1.100	0.000
工业、经营	3.700	2.100	0.350	1.100	0.150
特种行业用水	6.850	5.000	0.350	1.100	0.400

---

① 资料来自于某市物价部门。

附论一 某市《供水管理规定》规制影响评估

表3　　　　　　　　　　居民用户水费缴纳情况

		频率	百分比（%）	有效百分比（%）	累计百分比（%）
有效	0	2	2.0	2.1	2.1
	6	1	1.0	1.1	3.2
	7	1	1.0	1.1	4.2
	8	2	2.0	2.1	6.3
	10	3	3.0	3.2	9.5
	12	1	1.0	1.1	10.5
	15	7	7.0	7.4	17.9
	18	2	2.0	2.1	20.0
	20	1	1.0	1.1	21.1
	20	18	18.0	18.9	40.0
	23	1	1.0	1.1	41.1
	24	1	1.0	1.1	42.1
	25	1	1.0	1.1	43.2
	30	16	16.0	16.8	60.0
	35	2	2.0	2.1	62.1
	40	3	3.0	3.2	65.3
	50	4	4.0	4.2	69.5
	59	1	1.0	1.1	70.5
	70	2	2.0	2.1	72.6
	80	1	1.0	1.1	73.7
	82	1	1.0	1.1	74.7
	90	1	1.0	1.1	75.8
	100	5	5.0	5.3	81.1
	110	4	4.0	4.2	85.3
	120	3	3.0	3.2	88.4
	130	1	1.0	1.1	89.5
	140	6	6.0	6.3	95.8
	150	1	1.0	1.1	96.8
	160	2	2.0	2.1	98.9
	200	1	1.0	1.1	100.0
	合计	95	95.0	100.0	
缺失	系统	5	5.0		
合计		100	100.0		

法律规制影响评估指标体系研究

此外，我们以某市水质卫生*水费的交叉数据为检测基准，对《供水规定》在公共服务中的收益进行了分析（见表4）。结果显示，94.7%的居民用户认为，目前某市水质卫生条件能够达到合格。由此来看，居民用户认为，以2.85元/吨的水费获得如此高质量的饮用水，是他们乐意接受的，至少在经济上是收益大于成本的。按照法律规制影响评估指标体系对于公共服务的指标分类，公众对水质卫生的高满意度显然构成《供水规定》的"公共安全""公共卫生"收益。这也显示了《供水规定》对于水质管理的现实功效。依据"消费者收益"的数额以及指标权重比，《供水规定》的公共服务收益应该是：消费者收益/7.24% × 7.91%，结果为546.27万元。

表4　　　　　　　　　居民用户水费*水质卫生交叉数据

		水质卫生						合计
		十分合格	比较合格	一般合格	不合格	相当不合格	其他	
水费（元）	0	1	0	1	0	0	0	2
	6	0	0	1	0	0	0	1
	7	0	0	0	0	0	1	1
	8	1	1	0	0	0	0	2
	10	1	2	0	0	0	0	3
	12	1	0	0	0	0	0	1
	15	0	3	3	1	0	0	7
	18	1	1	0	0	0	0	2
	20	0	1	0	0	0	0	1
	20	0	7	9	1	1	0	18
	23	0	0	1	0	0	0	1
	24	0	1	0	0	0	0	1
	25	0	0	1	0	0	0	1
	30	3	6	6	1	0	0	16
	35	0	1	1	0	0	0	2
	40	1	2	0	0	0	0	3

附论一 某市《供水管理规定》规制影响评估

续表

<table>
<tr><th colspan="2" rowspan="2"></th><th colspan="6">水质卫生</th><th rowspan="2">合计</th></tr>
<tr><th>十分合格</th><th>比较合格</th><th>一般合格</th><th>不合格</th><th>相当不合格</th><th>其他</th></tr>
<tr><td rowspan="15">水费
(元)</td><td>50</td><td>0</td><td>1</td><td>3</td><td>0</td><td>0</td><td>0</td><td>4</td></tr>
<tr><td>59</td><td>0</td><td>1</td><td>0</td><td>0</td><td>0</td><td>0</td><td>1</td></tr>
<tr><td>70</td><td>0</td><td>2</td><td>0</td><td>0</td><td>0</td><td>0</td><td>2</td></tr>
<tr><td>80</td><td>0</td><td>1</td><td>0</td><td>0</td><td>0</td><td>0</td><td>1</td></tr>
<tr><td>82</td><td>0</td><td>1</td><td>0</td><td>0</td><td>0</td><td>0</td><td>1</td></tr>
<tr><td>90</td><td>0</td><td>1</td><td>0</td><td>0</td><td>0</td><td>0</td><td>1</td></tr>
<tr><td>100</td><td>0</td><td>5</td><td>0</td><td>0</td><td>0</td><td>0</td><td>5</td></tr>
<tr><td>110</td><td>1</td><td>3</td><td>0</td><td>0</td><td>0</td><td>0</td><td>4</td></tr>
<tr><td>120</td><td>1</td><td>2</td><td>0</td><td>0</td><td>0</td><td>0</td><td>3</td></tr>
<tr><td>130</td><td>0</td><td>1</td><td>0</td><td>0</td><td>0</td><td>0</td><td>1</td></tr>
<tr><td>140</td><td>3</td><td>3</td><td>0</td><td>0</td><td>0</td><td>0</td><td>6</td></tr>
<tr><td>150</td><td>0</td><td>1</td><td>0</td><td>0</td><td>0</td><td>0</td><td>1</td></tr>
<tr><td>160</td><td>0</td><td>2</td><td>0</td><td>0</td><td>0</td><td>0</td><td>2</td></tr>
<tr><td>200</td><td>0</td><td>1</td><td>0</td><td>0</td><td>0</td><td>0</td><td>1</td></tr>
<tr><td>合计</td><td>14</td><td>50</td><td>26</td><td>3</td><td>1</td><td>1</td><td>95</td></tr>
</table>

综上所述,法律所带来的社会收益是复杂的、综合性的。对于单一法律的社会收益分析,应当注意厘清该法律所属的门类、对象、效力范围等,并适当地筛选评估指标。《供水规定》的社会收益评估显示,社会生活、公共服务以及社会基本价值是进行法规评估的核心指标。三者之和构成《供水规定》的实际社会收益,即1819.04万元。

2.《供水规定》的经济收益

我们对《供水规定》的经济收益进行了调研,并根据经济主体的不同进行了分类评估。值得注意的是,由于《供水规定》是一部地方性法规,对国家宏观经济发展的影响较小。故在此不做评估。

第一,市场机制改善。市场机制是指资源在市场中的配置方式。一般认为,除市场的自我调节之外,国家的宏观调控也能够有效调节市场的不合理运作。其调控方式为政策引导或法律规制。在此,我们对两种方式加以综合考察。供水价格的满意度显示的是企业用户对于国家水价调控的满意程度，而供水管理政策的满意度则是企业用户与居民用户对国家政策及法律的直观印象。从表5可知，73%的企业用户认为，水价与供水管理符合市场资源配置方式，能够较好地反映各市场主体的用水需求。依据"消费者收益"的数额以及权重比，《供水规定》的市场机制改善收益应该是：消费者收益/7.24%×7.63%，结果为526.93万元。

表5　　　　　供水价格的满意度 * 供水管理政策的满意度

		供水管理政策的满意度								合计
		非常差劲	比较差劲	稍微差劲	不太差劲	不太好	稍微好	比较好	很好	非常好	
供水价格的满意度	非常差劲	1	0	0	0	1	0	0	1	1	4
	很差劲	0	0	0	0	0	0	0	0	1	1
	比较差劲	0	0	0	0	1	0	0	0	0	1
	稍微差劲	0	0	0	3	0	1	0	1	0	5
	不太差劲	0	0	1	1	1	1	3	0	1	8
	不太好	0	0	0	2	1	3	0	0	0	6
	稍微好	0	1	1	3	4	2	4	2	0	17
	比较好	0	0	0	1	3	12	6	1	5	28
	很好	0	0	0	0	2	3	5	6	1	17
	非常好	0	0	0	0	0	0	0	3	10	13
	合计	1	1	2	10	13	22	18	14	19	100

第二，对企业发展的影响。《供水规定》对于企业收益的影响主要体现在企业的生产经营上，其内容主要包括净利润、经营范围、市场准入和准出机制等。其中，就企业净利润而言，它主要受到企业生产成本、管理成本、纳税情况以及销售情况的影响。城市供水质量的好坏即可以体现出企业生产成本的增加情况。为了更为直观地反映《供水规定》第三章"水质管理"在企业生产经营中的实施效果。我们对企业用户的"水质卫生 * 净化水质的额外支出"情况进行了统计（见表6），结果显

示，88.66%的企业用户认为城市供水的水质在"合格"以上。由此说明，《供水规定》在水质管理方面起到了十分积极的作用。但吊诡之处在于，恰是认为水质合格的企业用户产生了"净化水质的额外支出"，数量为11家。从实地访谈中得知，产生"净化水质的额外支出"的企业用户大多对水质要求较高，属于特殊行业用水范围。但由于特殊用水范围的水价与工业经营用水价格差距较大（差价为3.05元/吨），因此，11家特殊用水企业选择了自行净化水质。

表6　　　　　　　　　目前水质卫生 * 净化水质的额外支出

		净化水质的额外支出		合计
		没有增加	增加了	
目前水质卫生	十分合格	6	2	8
	比较合格	56	6	62
	一般合格	20	3	23
	不合格	1	0	1
	相当不合格	3	0	3
合计		86	11	97

对于《供水规定》第二十条规定的"增压费"，我们采取问卷调查的方式进行了调研。结果显示，在100家受访企业中，仅有1家企业使用了增压设备（见表7）。由此推知，供水单位在保证供水水压上能够满足企业用户的基本要求。依据"企业收益"的权重比，《供水规定》的企业收益应该是：消费者收益/7.24%×8.75%，结果为604.28万元。

表7　　　　　　　　　增压设备费用

		频率	百分比（%）	有效百分比（%）	累积百分比（%）
有效	没有增加	99	99.0	100.0	100.0
缺失	系统	1	1.0		
合计		100	100.0		

第三，对消费者个人及家庭的影响。《供水规定》与居民的联系最为密切。我们经过实证调研发现，居民用户普遍认为水价调整对日常生活的影响不大（见表8）。我们分别以两组数据来反映《供水规定》对消费者个人及家庭收益的影响。

表8　　　　　　　　　　　　水价调整

		频率	百分比（%）	有效百分比（%）	累积百分比（%）
有效	没有	96	96.0	97.0	97.0
	有	2	2.0	2.0	99.0
	3	1	1.0	1.0	100.0
	合计	99	99.0	100.0	
缺失	系统	1	1.0		
合计		100	100.0		

在《供水规定》与居民经济损失的关系上，我们选取"非正常停水导致经济损失"作为观测指标。通过对100份居民问卷的统计分析发现，执法机关与供水单位在《供水规定》的指引下，能够良好地完成供水职责，目前尚未因非正常停水引发经济损失。这一方面肯定了执法机关的执法能力、执法水平，另一方面也说明了供水单位的守法性。当然，未引发经济损失也反向证明了《供水规定》的实施增加了个人及家庭生活的经济收益。

表9　　　　　　　　　非正常停水导致经济损失

		频率	百分比（%）	有效百分比（%）	累积百分比（%）
有效	没有	97	97.0	98.0	98.0
	有	2	2.0	2.0	100.0
	合计	99	99.0	100.0	
缺失	系统	1	1.0		
合计		100	100.0		

附论一 某市《供水管理规定》规制影响评估

从立法的经济利益角度加以分析,《供水规定》的修订导致居民用户在饮用水使用上更加放心。从表10、表11的数据可以发现,《供水规定》或相关政策的实施,是对执法机关和供水单位职务行为的约束或规范,但它并不直接给予居民具体的经济利益。我们认为,表10、表11的数据属于居民对于现实用水情况的直观反映,但并未虑及供水的制度性保障。事实上,自《供水规定》实施以来,水源地保护、水质净化、水价调整以及供水设施维护等事项均是在该法律的指导下进行的。其在供水污染、供水事故防范、供水设备安全方面产生了巨大的作用。因此,对于居民个人及家庭用水而言,《供水规定》给居民用户带来的是隐性的经济利益,即500万元的支出意愿。这也是《供水规定》对消费者产生的收益。

综上所述,《供水规定》的经济收益为市场机制收益、企业收益、消费者收益之和,即1631.21万元。

表10 供水政策调整产生收益

		频率	百分比（%）	有效百分比（%）	累积百分比（%）
有效	没有	99	99.0	100.0	100.0
缺失	系统	1	1.0		
	合计	100	100.0		

表11 遵守条例获得的奖励

		频率	百分比（%）	有效百分比（%）	累积百分比（%）
有效	没有	99	99.0	100.0	100.0
缺失	系统	1	1.0		
	合计	100	100.0		

3. 《供水规定》的环境收益

一般认为，法律的环境影响是评价法律对自然环境产生的影响效果。它往往包含但不限于以下方面：土壤环境的影响、水资源的影响、气候的影响、空气质量的影响、对固体废弃物的影响、对噪声的影响、动植物资源的影响、矿物资源以及生态保护等9项内容。结合《供水规定》实际的环境效应，我们有针对性地选取了"水资源影响"作为评估指标，以讨论《供水规定》的实际环境收益。

在水质安全方面，我们对"目前水质卫生""饮用水安全"进行了交叉分析，结果发现，多数居民用户认为目前水质卫生能够得到保障，并且未发生过饮用水安全问题（见表12）。由此表明，《供水规定》对于水源地、供水水质、供水安全等方面的规定能够起到一定的积极作用。而企业用户中有87家企业认为水质安全、卫生，占受访企业的87%（见表13）。但是在居民用户与企业用户中，均有8%的用户在认可水质卫生的情况下，提出曾发生饮用水安全问题。这是需要执法监督机关以及供水单位加以重视的问题。

表12　　　　　　　　居民用户目前水质卫生 * 饮用水安全

| | | 饮用水安全 || 合计 |
		发生过	没发生过	
目前水质卫生	十分合格	1	13	14
	比较合格	6	46	52
	一般合格	1	28	29
	不合格	1	2	3
	相当不合格	0	1	1
	其他	0	1	1
合计		9	91	100

附论一 某市《供水管理规定》规制影响评估

表13　　　　　　　企业用户目前水质卫生 * 供水安全

		供水安全		合计
		发生过	没发生过	
目前水质卫生	十分合格	1	7	8
	比较合格	2	61	63
	一般合格	5	19	24
	不合格	0	1	1
	相当不合格	1	2	3
合计		9	90	99

在供水污染方面，我们从"生活污水处理""供水污染"来分析《供水规定》的环境收益。结果发现，供水污染发生的次数受居民用户的生活污水处理方式的直接影响（见表14）。居民用户对生活污水处理得越精细，供水污染发生的次数越低。反之，供水污染发生次数越多。企业用户的调查结果也反映了这一现象（见表15）。由此推知，供水污染所引发的供水安全问题也与用户的不当行为有关。供水行政主管部门应当做好污水处理排放宣传工作。依据"消费者收益"的数额以及权重比，《供水规定》中水质安全的环境收益应该是：消费者收益/7.24% × 2.88%，结果为198.90万元。

表14　　　　　　　生活污水处理 * 供水污染

		供水污染		
		发生过	没发生过	
生活污水处理	不处理直接排放	13	47	60
	简单处理后排放	2	30	32
	认真处理后排放	1	4	5
	处理达标后排放	0	2	2
	其他	0	1	1
合计		16	84	100

表15　　　　　　　　　生产污水处理 * 供水污染

		供水污染			合计
		发生过	没发生过	4	
生产污水处理	不处理直接排放	2	27	0	29
	简单处理后排放	1	45	0	46
	认真处理后排放	0	12	1	13
	处理达标后排放	0	10	0	10
合计		3	94	1	98

三　评估的结果

（一）评估的净收益

《供水规定》产生影响的成本收益评估时限为其修订后一年的时间。

根据计算公式及表22可知，当 $n=1$，$r=5.90\%$ 时[①]，

C = 立法自身运作成本 + 立法社会成本 + 立法的环境成本 = 30万 + 15万 + 200万 = 245万元

B_1 = 社会收益 + 经济收益 + 环境收益 = 1631.21万 + 1819.04万 + 198.90万 = 3649.15万元

$$P = \sum_{i=0}^{n} \frac{B_i}{(1+r)^2} - \sum_{i=0}^{n} \frac{C_i}{(1+r)^i}$$

$$= \sum_{i=0}^{1} \frac{B_i}{(1+r)^i} - \sum_{i=0}^{1} \frac{C_i}{(1+r)^i}$$

$$= \frac{3649.15 \text{万}}{1+5.90\%} - \frac{245 \text{万}}{1+5.90\%}$$

$$\approx 3214.45 \text{万元}$$

由此可知，在该规定实施一年后，立法收益远大于成本，立法时的

---

① r 为折现率，我们采用中国人民银行的同期贷款利率5.90%，作为折现率的定值。

净收益为正,产生了积极的影响。

表16　　　　　　　　　　成本收益情况

立法自身运作成本	30 万元
立法的社会成本	15 万元
立法的环境成本	200 万元
社会生活收益	783.15 万元
社会基本价值收益	489.62 万元
公共服务收益	546.27 万元
市场机制改善收益	526.93 万元
企业的收益	604.28 万元
消费者的收益	500 万元
防止供水污染所带来的收益	198.90 万元

(二)《供水规定》的问题分析

《供水规定》在实施过程中,虽然存在诸多问题,但其立法收益仍然远远大于立法成本。因此,《供水规定》的评估结果为"良法"。但是,我们在肯定《供水规定》所取得成绩的同时,也应当注意其中存在的问题。从调研过程我们可以发现,《供水规定》产生的问题主要集中在以下几个方面。

第一,城市二次供水的管理存在漏洞。二次供水是指企业或个人将城市公共供水经专业加压设备储存、增加水压,通过管道再供用户或自用的形式。通过实地调研,某市居民用户与企业用户中均存在使用水泵等增压设备抽水的现象。但由于该类增压设备并非固定性增压设备,用户在使用完毕后往往拆解、隐藏。因此,供水经营单位与供水管理单位很难发现和规范此类小型供水增压设备。另外,二次供水设备也更容易造成水质污染问题,各种杂质、污染物简单进入水中,污染水源,进而影响人们的身体健康。因此,相关部门应当关注和解决二次供水设施问题,并对二次供水工程的技术标准作出统一规范。

第二，城市供水的行政监管力量不够，难以满足《供水规定》的基本要求。根据某市《供水规定》规定：市城建委作为城市供水的主要行政主管部门，目前城建委城建科的有效行政人员编制为5人，主要负责全市城市化工作，具有指导和管理城区供水和管网输水及用户用水的节水、城区防洪排涝、市政设施、污水处理、组织实施城市管理联合执法等主要职能。然而根据城建委现有的工作条件来完成《供水规定》规定的行政管理职能，执法力量明显不足，容易出现人少事多的问题，导致供水监管机制难以得到有效落实。

第三，水质满意度有待进一步提高。某市位于东部沿海地区，气候湿润、水源较充足，根据《供水规定》的相关规定，目前某市已构建了一套以水源地保护、水质检测以及制水人员健康审查为核心的水质安全保障体系。虽然经调研发现，人们对于某市供水管理部门的水质检测情况较为满意，但仍有部分用户对当前的水质卫生情况表示不满意，并在现有的供水设备的基础上增加了水质净化设备。显然，供水用户对水质的不满意增加了用户的用水成本，相应地，这也降低了《供水规定》的社会收益。因此，《供水规定》应当对城市供水设备、管网等安全标准进行适度提高，定期做好水质检测工作，严格进行清洗消毒。

(三)《供水规定》完善的具体建议

针对《供水规定》在实施过程中出现的问题，我们认为立法机关应当在现行《供水规定》的基础上，对相应条款进行适当修改，并适度增加执法机关的财政支持，以保障《供水规定》的良好实施。具体建议如下。

第一，对于二次供水管理的问题。《供水规定》规定，二次供水管理单位应当建立水质管理制度，定期对水质进行检测和消毒；但对于二次供水设施具体检验流程没有给出详细的说明。鉴于二次供水较容易造成水污染的情形，我们应当对其检验措施作出具体的规定，以保障二次供水的安全。因此，我们对《供水规定》第十五条作出如下修改："二次供水管理单位应当建立水质管理制度，配备专职或兼职人员，加强水质管理，定期进行水质检测并对各类出水设施清洗消毒（每半年不得少于1次），二次供水设施的清洗、消毒等作业应当符合相关保洁规范的要求，二次供水管理单位应当建立相关的档案，记录作业人员、日期、水样送检等情况，并定期向城市供水行政主管部门备案。不具备相应水质监测能力的，应当委托经质量技术监督部门资质认定的水质检测机构进行现场检测。"另外，《供水规定》规定，因建筑物超高需要建设二次供水设施的，由供水用户负责支付增压设施费。对此，我们在实地调研基础上发现，受到地形高度的影响，某市有多处居民住宅区需要使用增压设施。因而基于特殊地形的考量，供水经营单位应当区分增压设施建设的不同原因。对于建筑物超高的供水用户，可以由用户本身承担供水增压设施费，但对于地形导致的水压不足问题，则应当与城建委、城市供水管理单位以及供水经营单位进行协商，共同承担供水增压设施费。为此，建议对《供水规定》第二十条第二款作出如下修改："城市供水经营单位供水压力应当不低于国家规定标准。因地形较高导致的供水压力不足，可以由城市供水经营单位建设二次供水设施。但因用户建筑物超高而不能正常供水的，则由城市供水经营单位负责建设二次供水设施，用户按规定缴纳供水增压设施费。"

第二，关于供水行政监管力量不足的问题。《供水规定》本身的条款设置无须进行修订。鉴于某市供水监督管理执法环节较薄弱的情形，我们认为某市城建委应当对自身工作条件作出以下调整：一是为了保障城建委履行供水监管的职能，城建委城建科应当在现有执法队伍的基础上，增加执法人员的编制，并把解决供水纠纷、监督供水水质、水价以及供水安全作为执法重心，全面落实《供水规定》所赋予的供水监督、管理职能。二是对于供水执法与协同执法的开展，都需要资金的支持。鉴于城市供水体系对于某市经济发展以及社会生活的重要性，某市应当适度增加城建委的财政预算,并提升供水执法的硬件水平,配备执法车辆、水质监测仪器等,以便于供水执法部门及时、有效地解决供水突发事件。三是加强供水监管人员专业素养的培训,使其能够掌握并应对执法管理过程出现的各种问题,确保城市供水工作正常运行。

第三,针对供水水质安全问题,随着城镇居民生活水平的提高,人们对于城市供水的质量产生了越来越高的要求。从调研结果来看,某市供水经营单位在水质安全上符合国家的相关标准。城市供水经营单位配备了 GC-14B 气相色谱仪,GC-4010A 型气相色谱仪,3510 型原子吸收分光光度计,ZYG-Ⅱ型冷原子荧光测汞仪,α、β 放射性测量仪,原子荧光分光光度计,红外测油仪等水质检测设备,按照周/次的频率对水质进行检测。而部分居民用户以及某些对水质有特殊要求的企业用户为了饮水安全,自行安装了水质净化设备。有鉴于此,某市城市供水经营单位应当适度地提升供水的水质标准,提升供水用户对水质的满意度。因此,某市立法机关可对《供水规定》第十三条作出如下修改:"城市供水单位应当建立健全水质监测制度,供应的饮用水不得低于国家规定的生活饮用水卫生标准。"

四 评估指标应用的分析与总结

评估指标的应用有助于提升评估效率,使评估者有的放矢地开展评估活动。法律规制影响评估指标体系属于通用的指标体系,共包括经济、社会和环境在内的 3 个一级指标、18 个二级指标以及 72 个三级指标。因此《供水规定》在实际的评估过程中根据自身运作情况,有针对性选择了包括社会生活、公共服务、市场机制、水资源影响在内的 7 项二级指标,涵盖经济、社会和环境三方面的影响。具体分析如下:

根据所设计指标体系,法律产生的社会影响包括以下几个方面:社会生活、社会就业、公共服务、社会基本价值以及社会保障。但经过实

附论一 某市《供水管理规定》规制影响评估

地访谈和问卷调查发现,《供水规定》的作用范围集中在社会生活、公共服务以及社会基本价值领域,而在社会就业和社会保障方面的促进作用并不明显。因此,我们在社会影响的具体评估上,仅选取社会生活、公共服务以及社会基本价值作为二级观测指标,并具体区分了这些指标产生的成本与收益。由于供水管理活动属于政府提供的公共服务措施,《供水规定》的颁布表明了政府为改善公众生活所提供的制度保障。因此《供水规定》的社会成本主要体现为政府履行社会公共服务职能所需的各项支出,即社会成本主要集中在公共服务指标上,包括相关行政机关的执法监督成本、司法机关处理供水纠纷的审理成本等。社会收益则体现在社会生活、公共服务以及社会基本价值的指标上。具体分析,在社会生活收益上,《供水规定》的实施主要影响的是居民的生活用水,其内容包括水质、水费、供水时间、供水污染、供水设备安全等。在社会基本价值收益上,由于二级梯度水价所带来的经济压力较高,所以居民用户往往选择在第一级用水额度内使用饮用水,因此在一定程度上也实现了节约用水的目标,因而节约用水是社会基本价值收益的主要体现。在公共服务收益上,公众对水质卫生的高满意度构成了《供水规定》的"公共安全""公共卫生"收益,这同时也彰显了《供水规定》对于水质管理的功效。

法律的经济影响评估指标主要是依据经济主体的不同进行分类,由于《供水规定》是一部地方立法,它对国家宏观经济发展的影响较小。因而它的具体影响表现在微观经济主体的运行上,包括市场运转的影响,企业生产的影响和居民家庭生活的影响。所以,我们在指标体系中,有针对性地选择市场机制,企业发展影响和消费者影响作为评估所需要的二级观测指标,同时在这些指标中明确界定它们产生的成本和收益。具体来看,《供水规定》在实际运行的过程中,它所消耗的经济成本主要集中在企业发展影响和消费者影响两项指标上。在未经供水行政主管部门许可的情况下,公民、社会组织乃至政府机关都不得盗用或转供城市公共供水。如果违反条例的要求，就应承担相应的责任（如缴纳罚金、滞纳金等），从而使居民和企业在经济上受到一定损失，即便守法主体急需饮用水，也只能在法律规定的范围内选取解决方案，如购买桶装水或输水管道，因此这里所指的经济成本即居民和企业的守法成本。而经济收益指标则在这三项指标都有体现，包括市场机制的价格满意度、企业经营的净利润以及居民生活的费用支出等影响。

《供水规定》的环境影响评估主要集中在"水资源影响"指标上，包括污水排放处理和饮用水质改善等内容。其中，污水排放影响考察自来水厂为符合环境保护要求，所投入的污水治理费用；饮用水质改善则是基于对供水卫生的考量，认真调查和分析有关供水水质、饮用水安全等问题，明确《供水规定》对水质卫生所产生的积极影响，从而获得《供水规定》实施对水质改善所产生的具体收益。

通过以上指标分析与具体运用，我们认为法律规制影响评估指标体系具有较强实用性和可操作性，它规定的指标及评估方法基本能满足法律在实际评估中的需求。《供水规定》的影响包括经济、社会和环境三方面，它的评估内容也涉及经济、社会和环境影响各方面的指标。当然，其影响更多地侧重于社会和经济层面，这也进一步说明了法律规制影响评估指标体系设计的合理性与科学性。但由于法律规制影响评估是一项复杂的社会活动，指标体系难以覆盖也不可能涵盖所有的法律影响内容，因此法律影响评估指标应是一个开放性、一般性的体系，它可以根据所要评估的法律类型不同，具体选择相适应的指标进行评价。同时为了评估需要，评估者还可以在现有的指标体系基础上，灵活添加、变动第三级指标，以实现预期的评估结果。其实，这也从另一个侧面反映了评估指标在实践中的局限性，即列举的一、二、三级指标，尤其是三级指标不可能完全符合每部法律的特殊性。我们在《供水规定》的评估过程中也同样发现了该问题，例如在上文提到"社会生活、公共服务、社会基本价值、市场机制、企业发展、消费者影响以及水资源影响"皆为指标

附论一 某市《供水管理规定》规制影响评估

体系的二级指标,而具体评估该条例所使用的三级指标与指标体系的第三级指标并非完全一致。某些三级指标在保证评估结果准确的前提下,根据条例的实施状况及问题的需要进行了灵活变通,如对于水资源影响指标中的污水排放,我们实际分析和考察自来水厂污水排放的治理费用,而非指标体系列出的污水排放量,这有利于实现《供水规定》影响价值的货币化,保障评估结果的客观性和真实性。但总体来看,法律规制影响规制评估指标体系是一套具有可操作性、能够反复适用的指标体系。通过具体指标及评估方法,分析和评价法律对经济、社会和环境产生的影响,从而为法律的制定、修改和完善提供客观的依据和标准。这对于立法工作的创新与完善、国家的长治久安具有重要的意义。

附论二 Q市《养犬管理条例》规制影响评估

某年某月，Q市人大常委会通过了《Q市养犬管理条例》（以下简称《养犬条例》），目前已施行满一年。因此，本次评估《养犬条例》施行一年以来的立法效果。我们通过开展实证评估，进一步检验了指标的可行性和可操作性。并依据评估结果对该条例提出修改与完善建议。

一　评估的数据来源说明

由于《养犬管理条例》实施过程中产生的影响既包括积极影响（立法收益），也包括消极影响（立法成本），而且每种影响对利益相关者的作用也各不相同。因而在影响评估的过程中，我们需要认真分析各种立法成本和收益。其中立法成本除了包括经济、社会和环境成本以外，还包括法律自身的运作成本，即立法制定的成本。虽然该项成本在评估指标体系里没有具体说明，但它是法律成本的重要组成部分，也是法律运行的前提和基础。所以《养犬条例》的规制影响评估应当重视和分析立法自身的运作成本，将其纳入评估范畴，进行测度。

《养犬条例》评估数据主要由法规与政策调研、实地访谈以及问卷调查等三种调查方法的统计结果获得的。其中，法规与政策调研是针对《养犬条例》的制定者进行的调研，其内容主要包括立法自身的运作成本、部分社会成本的获取。实地访谈则是对养犬行政主管部门、协调部门、居委会、业主委员会、物业服务企业的调研。调研的范围主要包括经济成本、环境成本、执法服务、管理费、登记费、防疫费等犬只服务的基本事项。问卷调查是在法规与政策调研、实地访谈的基础上进行的补充性调研（后两种调研方法能够获得部分数据），主要针对《养犬条例》的守法成本、社会收益、经济收益以及环境收益等事项进行调研。三种调查方法所获取的数据总量综合反映《养犬条例》的实施状况，也为我们进行"成本—收益"量化评估分析提供了数据支持。此外，对于各指标在该法律评估中的权重，我们采用德尔菲打分法予以确定。①

当然，由于问卷调查的初衷在于弥补法规与政策调研、实地访谈中的不足，调查问卷的设计和样本采集涉及养犬人与非养犬人两类主体。由此形成以下两种调查问卷：《养犬人问卷》和《非养犬人问卷》。而调查方式则采取随机抽样调查法，在选定区域内进行随机调查。其中，《养犬人问卷》总份数为150份，实际收回有效问卷114份。另外，还发放《非养犬人问卷》总份数为150份，实际收回有效问卷118份。在此基础上，我们在对问卷调查结果进行初步整理后，将有效数据输入SPSS16.0软件中进行数据处理得出统计结果。

二 评估的成本和收益

（一）《养犬管理条例》产生的影响成本

第一，立法自身运作成本。立法自身运作成本是指法律制定过程中人力、物力、财力、时间成本等公共资源的支出费用，《养犬条例》的自身运作成本主要通过实地调研的方式，从相关政府部门直接获取。

我们在"立法自身运作成本"指标的计算上，直接采取"当事人访

---

① 指标权重主要通过德尔菲打分法获得，即由专家学者对各个指标进行打分，并在整理、统计之后，再反馈给各位专家，并征求权重设定意见，直至获得比较公正的权重。

谈"的方法,来获得《养犬条例》在制定过程中所支出的实际费用。在《养犬条例》立法准备阶段,Q市人大常委会将《养犬条例》列入立法计划,随即着手开展条例的起草工作。关于《养犬条例》的起草过程,主要分为两阶段,一是公安起草阶段,二是市人大常委会审议阶段。在Q市公安局起草《养犬条例》的阶段,Q市财政划拨专项经费10万元用于条例起草。其间,由于草案修改、资料收集、外出调研等事项,公安局从日常财政支出中划拨资金10万元用于条例制定。同时,立法过程中所花费的成本,主要包括立法调研成本、专家论证成本、审议成本以及公布和宣传成本。这些费用总和构成单一法律法规的立法过程成本。在立法过程中,市公安局、市人大常委会通过专家座谈会、网上征求意见等方式,广泛听取群众意见和建议,特别是犬只管理方面的相关意见和建议,并在整理、归纳、吸收多方意见的基础上,最终形成《养犬条例(草案)》,并提交Q市人大常委会会议进行审议、通过。这部分成本约为10万元。

第二,《养犬条例》的社会成本。立法社会成本是指某一立法活动对整个法律体系的运行所产生的社会资源损耗。立法的社会成本主要体现为政府履行公共服务职能所需的各项支出,包括相关行政机关的执法监督成本、司法机关处理纠纷的审理成本等,即执法机关、司法机关在社会管理中的费用支出。

执法成本。对于执法机关而言,其职务行为实质上是按照法律规定,实施犬只管理、职能监督的行为。如此,法律对于执法机关的权力、义务、责任等法律边界的限定,直接影响执法机关的行为成本,例如:执法人员的数量、工资、福利以及工作量等,都与立法有直接的关系。以《养犬条例》的制定与实施为例,该条例规定,"公安机关、城管执法部门、兽医主管部门按照本条例的规定负责养犬管理工作。工商、卫生等部门按照各自职责,做好养犬管理工作"。

由此可知,Q市公安机关、城管执法部门、兽医主管部门(市畜牧

附论二　Q市《养犬管理条例》规制影响评估

兽医局）是养犬行政主管部门。① 经过实地访谈发现，Q市公安局、城市管理局、畜牧兽医局对于犬只管理的工作，基本处于"人少事多、难以查处"的局面，并且财政预算额度较小。具体来看，从Q市公安局犬只执法的经费支持情况来看，管理经费主要来自三部分，治安警察支队的日常执法经费、犬只登记管理费和犬只收留所运营经费。其中，执法经费主要来自财政划拨，大约为30万元。犬只登记费（养犬管理服务费）400元/只。② 《养犬条例》实施一年以来，Q市公安局共计收取犬只管理费1562400元。另外，犬只收留所经营费每年约150万元。③ 因此，Q公安局在履行《养犬条例》的管理职能中所花费的执法成本是：财政预算、犬只登记管理费与犬只收留所经营费之和，共计3062400元。从Q市城市管理局犬只执法的经费支持情况来看，每年流浪犬捕捉工作费用大约为30万元。从Q市畜牧兽医局执法情况来看，每年犬只免疫检查工作的费用约为48万元。④ 也就是说，三方主体在履行《养犬条例》的管理职能中所花费的执法成本总和为3842400元。

司法成本。对于一部完整的法律而言，权利、义务、责任构成其基本的制度架构。而司法则是实现这一制度架构的保障机制。众所周知，司法机关对违法犯罪行为的惩处需要损耗一定的公共资源，此即立法活动衍生的司法成本。从我们的实地调研以及问卷调查情况来看，《养犬条例》实施一年以来，Q市辖区发生了多起犬只伤人事件。据不完全统计，Q市犬只管理部门因养犬纠纷共出动工作人员1500余次，发放整改通知书359份，书面警告120份，行政处罚28人次；查扣各类违法犬只

---

① Q市公安局治安警察支队具体负责犬只伤人和烈性犬管理工作，城市管理局（综合执法局）负责流浪犬捕捉工作，畜牧兽医局负责犬只免疫工作。
② 依据《养犬条例》规定，Q市公安局负责对市内主城区犬只进行登记。但从实际情况来看，养犬人为犬只登记的积极性不高，条例实施一年来，主城区共登记犬只3906只。
③ Q市公安局设立一处犬只收养服务基地，并委托第三方养殖场负责经营管理工作。基地一年运营经费大约为150万元。
④ Q市疾控中心数据显示，Q市畜牧兽医局免疫采购数量4万份，疫苗招标资金48万元，疫苗免疫数量1.6万只。

200只,接受市民自愿放弃饲养犬只290只,捕捉流浪犬516只。但是,在问卷调查的232例养犬纠纷中,只有1例选择了诉讼方式来解决纠纷,占总受访数的0.005%。耗费司法成本之少几乎可以不计。

第三,《养犬条例》的经济成本。《养犬条例》在实际运行的过程中,同样会对居民带来各种影响,例如第十七条规定:"养犬应当交纳管理服务费。"第二十一条规定:"违反本条例规定,养犬人未为犬只接种狂犬病疫苗的,由兽医主管部门责令改正;拒不改正的,处二百元以上一千元以下罚款。"如果违反条例的要求,就应承担相应的责任(如缴纳罚款等),从而使养犬人在经济上受到一定损失,因而这里所指的经济成本即守法成本。换言之,守法是人们服从法律权威的一种规范性行为表征。而立法中的义务性规定即体现为养犬人的守法成本。如《养犬条例》第八条规定:"犬只出生满三个月或者免疫间隔期满的,养犬人应当携犬只到兽医主管部门确定的狂犬病定点免疫单位接种狂犬病疫苗。犬用狂犬病疫苗实行免费。犬只免疫注射以及免疫登记卡、电子标识等费用由养犬人承担。"第九条规定:"携犬出户的,应当遵守下列规定:(一)为犬只佩戴犬牌;(二)为犬只束牵引带,并主动避让老年人、残疾人、孕妇和儿童;(三)乘坐电梯或者在人员密集场所的,应当为犬只戴嘴套,或者将犬只装入犬袋、犬笼,或者怀抱;(四)即时清除犬粪。"因此,从《养犬条例》的条款来看,我们分别以"管理费""免疫费"为观测点来检测养犬人的守法情况,结果发现,在118名受访者中,仅有63户养犬人为犬只注射疫苗,占受访总人数的55.30%。但因疫苗防疫费包含在管理费中,所以,Q市养犬人的经济成本支出主要是犬只管理费1562400元。

第四,《养犬条例》的环境成本。根据设计的评估指标体系,并结合《养犬条例》实际环境效应,我们认为《养犬条例》的环境成本应主要体现在"市容环境卫生影响"上。即环卫工人加强对犬只粪便清理工作,保障市容环境整洁卫生。但由于这部分投入并没有实质性增加环保部门的运作成本①,因此,我们在此不对环境成本的费用支出情况单列,这部分成本可视为0。

(二)《养犬管理条例》产生的影响收益

第一,《养犬条例》的社会收益。立法的社会收益评估是指单一法律的实施所能带来的社会增量。一般认为,法律所带来的社会收益包括以下几个方面:社会环境、公共服务、社会基本价值和社会安全。但经过实地访谈和问卷调查发现,《养犬条例》的作用范围集中在社会环境、社会安全以及社会基本价值领域。因此,在社会收益量化评估上,我们仅选取社会环境、社会安全以及社会基本价值作为二级观测指标。

在社会安全问题上,犬只登记保证了犬绳、防疫等安全事项的具体实施。在此,我们以"佩戴犬绳""犬绳价格""犬只伤人""纠纷赔偿"为观测项,以便观测《养犬条例》在社会生活中的效益产出情况。从《养犬人问卷》的调查结果来看,佩戴犬绳的犬只为142只,约占受访总数的66%。另根据犬只纠纷所赔偿的数额800元计算,犬只佩戴犬绳所带来的社会安全收益为:3906只×66%×800元,即2062368元。

在社会生活环境上,《养犬条例》的实施主要影响的是养犬人的犬只管理行为和非养犬人的日常生活秩序。前者主要包括犬只登记、免疫、安全、卫生以及减少噪声等行为;而后者则主要关注出行安全、噪声(犬吠)以及环境卫生等事项。经过调研发现,Q市在《养犬条例》宣传上投入了较大财力、物力和人力,并取得了显著的成效。条例实施以来,Q市公安机关先后印制了《Q市养犬管理条例》宣传单、张贴宣传彩页,《文明科学养犬手册》《养犬登记服务站名单》《烈性犬图示》《公安机关犬只登记流程》《文明和谐社区养犬行为守则》等宣传材料10万余份,组织社区民警在街道楼院、办公楼宇、广场公园等公共场所

---

① 实践中,养犬人对于犬只粪便的清理并非完全自主完成的。他们一方面自主清理犬只粪便,同时也在一定程度上依赖环卫工人的清理。

进行张贴宣传，公布了区（市）局投诉举报电话，并召开多次新闻发布会，引导市民依法、文明养犬。从《养犬人问卷》的调查结果来看，当问及"您了解《Q市养犬管理条例》的相关规定吗？"时，有66.7%的受访者对该条例的了解程度比较高。相应地，当问及"您是否携带您的爱犬到当地派出所办理养犬登记手续？"时，有39.3%的养犬人选择了犬只登记。由此来看，虽然宣传成本不断提升，但犬只登记率依然比较低。当然，犬只登记在社会生活方面也产生了积极收益。依据社会公共安全收益（详细计算见下文）和德尔菲打分法的计算，我们认为，《养犬条例》的社会生活收益应该是：社会安全收益/7.59%×17.75% = 2062368/7.59%×17.75%，结果为4823060.87元。

在社会价值方面，我们以犬只粪便的有效处理作为检测基准，对《养犬条例》在社会基本价值中的收益进行了分析。为了更为有效、清晰地反映《养犬条例》对社会基本价值提升带来的收益，我们从以下几个方面进行了对比：一是非养犬人对于养犬人的犬只粪便处理方式的认同度。"犬只粪便处理方式"的结果显示，有80.2%的非养犬人认为，他们能够见到犬只粪便。也就是说，目前Q市养犬人在犬只粪便处理上尚未达到公众满意。结合"非养犬人见到养犬人自觉处理粪便"中"偶尔碰到"的高选择率，我们认为，Q市养犬人只是在个别情况下自觉处理粪便，而在多数情况下并不能完全自觉地处理。

为了更为客观地说明《养犬条例》在社会价值上的效率产出情况，我们从"养犬人"的视角重新对比了"犬只粪便处理"的概率，以观测社会基本价值的具体情况。从发放问卷结果来看，有94名养犬人选择自主清理犬只粪便，占受访人数的82.5%。由此看来，养犬人的自觉性比较高，并在一定程度上遵守了《养犬条例》的规定。但需要指出的是，养犬人对于犬只粪便的清理并非完全自主完成的。他们一方面自主清理犬只粪便，同时也在一定程度上依赖环卫工人的清理（占受访总数的12.3%）。对比非养犬人对养犬人道德水平的认同度，我们发现，非养

附论二　Q 市《养犬管理条例》规制影响评估

犬人关于"养犬人只是偶尔处理犬只粪便"的判断是正确的。依据社会安全收益和德尔菲打分法的计算，《养犬条例》在社会基本价值中的收益应该是：社会安全收益/7.59%×5.20%＝2062368/7.59%×5.20%，结果为 1412953 元。

综上所述，立法所带来的社会收益是复杂的、综合性的。《养犬条例》的社会收益评估显示，社会安全、社会生活环境，以及社会价值是进行法规评估的核心指标。三者之和构成《养犬条例》的实际社会收益，约为 8298382 元。

第二，《养犬条例》的经济收益。在经济收益方面，《养犬条例》主要影响了犬只市场的经营结构和"消费者个人收入影响"。一般认为，市场机制是指资源在市场中的配置方式。除市场的自我调节之外，也需要政策法律来有效地调节市场的不合理运作，以保障经济发展与社会安全的协调性。为此，我们以《养犬条例》第五条第二款"居民不得饲养烈性犬"，第三款"居民养犬的，每户限养一只"以及第六条"单位饲养护卫犬的，应当有专门场所和安全防护设施，实行圈养并确定专人负责犬只管理"为例，来说明《养犬条例》所带来的市场收益变化。犬只饲养数量不仅反映了养犬人的守法情况，同时也在一定程度上说明了《养犬条例》对地方犬只买卖市场结构的影响。通过发放问卷发现，在犬只饲养上，基本实现了"每户限养一只"的规定，占受访总人数的 85% 以上。而饲养 2 只以上（包括 2 只）犬只的居民人数则只有 15% 以下。也就是说，《养犬条例》的施行，有效地限制了居民的养犬数量。对于犬只买卖市场而言，显然，该规定削弱了犬只买卖的频度和量度。

而危险犬与普通犬的数量对比则直接影响了 Q 市犬只的市场结构。课题组以"犬只类型"来估算《养犬条例》对市场结构的影响值，结果发现：受到《养犬条例》第五条的影响，养犬人更倾向于饲养普通犬，而非危险犬。从表 1 的数据可知，在 114 名受访养犬人中，有 112 名养犬人目前饲养的是"普通犬"，占受访总人数的 99%。也就是说，Q 市犬只买卖市场受到《养犬条例》的影响，主要经营"普通犬"的业务，而"危险犬"的业务相对较少。

表1　　　　　　　　　　　　犬只类型

	您的爱犬类型是？				
		频率	百分比（%）	有效百分比（%）	累积百分比（%）
有效	普通犬	112	99.0	99.0	99.0
	危险犬	2	1.0	1.0	100.0
	合计	114	100.0	100.0	

为了精确说明犬只数量削减对家庭收益产生的影响，我们以每年犬只饲养费用为观测点来说明家庭收益情况。从表2可知，养犬人每年在犬只饲养上的投入在1000—2000元。按照1500元进行推算，如果每户削减一只犬，犬只削减比例为85%。那么，《养犬条例》在消费者个人收益方面的数额是：$3906 \times 85\% \times 1500 = 4980150$ 元。

表2　　　　　　　　　　　　每年犬只饲养费用

	每年您为爱犬的总支出为多少元/年				
		频率	百分比（%）	有效百分比（%）	累积百分比（%）
有效	1000元以下	58	50.9	53.2	53.2
	1001—2000元	35	30.7	32.1	85.3
	2001—3000元	11	9.6	10.1	95.4
	3001—4000元	4	3.5	3.7	99.1
	5001元以上	1	0.9	0.9	100.0
	合计	109	95.6	100.0	
缺失	系统	5	4.4		
	合计	114	100.0		

综上所述，《养犬条例》的经济收益主要集中在家庭收益。其经济效益为犬只饲养费节约收益4980150元，即经济收益为4980150元。

第三，《养犬条例》的环境收益。一般认为，立法的环境评估是指

附论二 Q市《养犬管理条例》规制影响评估

立法对环境所产生的影响。它往往包含但不限于以下方面：土壤环境的影响、水资源的影响、气候的影响、空气质量的影响、对固体废弃物的影响、对噪声的影响、动植物资源的影响、矿物资源、市容环境卫生等10项内容。由于仅针对《养犬条例》进行评估，因此，我们选取了"噪声影响"与"市容环境卫生的影响"作为评估指标，以讨论《养犬条例》的实际环境收益。

在噪声影响方面，犬吠是构成该项影响的主要方面。调研发现，在他人饲养犬只过程中，能够切实影响到非养犬人生活质量的行为就是犬吠，也就是噪声污染。根据调研情况得知，犬吠所引发的"噪声污染"经常成为养犬人与非养犬人之间纠纷产生的根源之一。从统计数据可知，生活中"经常碰到"犬吠噪声的概率是33.6%。这主要是因为城区内的建筑物主要由住宅楼构成，人口密度相对集中，犬吠噪声回声相对强烈。依据"公共安全收益"的数额、公共安全权重比以及噪声污染权重比，《养犬条例》在降低噪声污染中的收益应该是：公共安全收益/7.59%×3.31%，结果为899399元。

在市容环境卫生方面，受访居民中，共有17名居民认为"拒绝清理"粪便构成犬只纠纷产生的重要原因，占受访总人数的7%。另据实地调研发现，犬只粪便所引发的纠纷主要涉及居民小区的生态环境问题。由此推知，犬只粪便所引发的环境污染问题是非养犬户所关心的重要问题，对居住区生态环境质量具有直接影响。

为了更为客观地说明《养犬条例》在生态环境收益上的效率产出情况，我们从"养犬人"的视角重新对比了"犬只粪便处理"的概率，以观测住宅区生态环境的具体情况。共有61名非养犬人在户外经常见到犬只粪便，分别占受访人数的51.69%。由此看来，犬只粪便的大量存在导致居民住宅附近的市容环境卫生受到影响，从而降低了人们享受生态环境的质量，并在一定程度上影响了《养犬条例》的实施效果。依据社会安全收益和德尔菲打分法的计算，我们认为，《养犬条例》在市容环境卫生中的收益应该是：社会安全收益/7.59%×62.84%，结果为1707499元。

综上所述，《养犬条例》的环境收益评估显示，防止噪声污染以及优化市容环境构成《养犬条例》评估的核心指标。二者之和构成《养犬条例》的实际环境收益，共计2606898元。

三 评估的结果

(一) 评估的净收益

《养犬条例》产生影响的成本收益评估为其实施一年来的立法效果。

根据计算公式可知，当 $n=1$，$r=5.90\%$ 时[①]，

C = 立法自身运作成本 + 立法社会成本 + 立法的经济成本 = 30万元 + 384.24万元 + 156.24万元 = 570.48万元

B_1 = 社会收益 + 经济收益 + 环境收益 = 829.8382万元 + 498.015万元 + 260.6968万元 = 1588.55万元

$$P = \sum_{i=0}^{1} \frac{B_i}{(1+r)^i} - \sum_{i=0}^{n} \frac{C_i}{(1+r)^i}$$

$$= \sum_{i=0}^{1} \frac{B_i}{(1+r)^i} - \sum_{i=0}^{1} \frac{C_i}{(1+r)^i}$$

$$= \frac{1588.55 \text{万元}}{1+5.90\%} - \frac{570.48 \text{万元}}{1+5.90\%}$$

$$\approx 961.35 \text{万元}$$

由此可知，在该条例实施一年后，立法收益远大于成本，立法时的净收益为正，产生了积极的影响。

[①] r 为折现率，我们采用中国人民银行的同期贷款利率5.90%，作为折现率的定值。

表3　　　　　　　　　　　　立法的成本收益情况

立法自身运作成本	30万元
立法的社会成本	384.24万元
立法的经济成本	156.24万元
立法的社会收益	829.8382万元
立法的经济收益	498.0150万元
立法的环境收益	260.6898万元

（二）《养犬管理条例》的问题

从调研过程可以发现，《养犬条例》所产生的问题主要集中在以下几个方面。

第一，执法权力分散。Q市犬只管理工作主要由市公安局、市城市管理局、市畜牧兽医局三方主体来推进。其中，Q市公安局治安支队负责《养犬条例》的主要执法工作。城市管理局具体履行抓捕流浪犬职能。畜牧兽医局则定期检查狂犬疫苗注射状况。但从目前的情况来看，三方主体在执法过程中并没有形成很好的合力，执法效能亟须提升。一是各自执法力量不足。以Q市公安局为例，公安局治安支队只能做到统筹犬只管理工作，而无暇处理每一项养犬管理工作。就Q市公安局治安支队而言，该治安支队目前主要负责精神病处理、流浪人员处理、见义勇为、犬只管理等各项事情，机构设置以及人员配置都相对较少，很难通过治安支队的直接执法来实现《养犬条例》的相关规定。二是部门执法任务繁重。以城市管理局为例，各区市综合执法局执法范围涉及物价、环保、燃气、绿化、规划、文化、商务等多个领域。横向执法跨度较大，而执法队伍配置和能力不足。尤其是当下Q市综合执法队伍存在技术支撑不够、综合性培训缺乏等问题，严重影响执法实效。因而也难以开展大规模的流浪犬抓捕工作。另外，在以上部门取得犬只管理职能以来，财政预算并未得到同比例增加。也就是说，《养犬条例》不仅增加了行政部门的执法任务,也削弱了该部门履行职能的财政支持。因此,就《养犬条例》的执法情况而言,执法主体在财政预算和人力、物力支配上,还是比较紧缺的。这有待政府部门的相互协调和支持。

第二,执法满意度较低。经调研发现,虽然Q市犬只管理行政主管部门在犬只管理上取得了一定的成效,但是养犬人与非养犬人仍然对犬只执法表示不甚满意。这种"不满意"主要表现在犬只执法力度上。由于养犬人与非养犬人关于养犬问题的巨大分歧,Q市公安局在执法上存在较大难处,而且难以获得有效的直接证据来证明非养犬人存在过失。而对于养犬人而言,由于《养犬条例》主要是对养犬行为的限制。因此,无论是对养犬人还是非养犬人,公安机关的执法情况很难为两类人群所满意。

第三,处罚难度加大。《养犬条例》第二十至二十二条分别针对养犬人行为规定了不同的法律责任。其中,对于养犬人的处罚主要包括责令改正、没收犬只和罚款。在罚款和没收犬只方面,执法机关的执法行为常常遭遇"取证难"和"执行难"的问题。一方面,由于在犬只饲养、粪便处理、管理区之间的犬只流动都带有强烈的流动性,公安部门很难获得必要的证据来行使处罚职能。所以,执法人员在处理养犬案件时就会考虑,最终以教育、训诫的方式替代没收犬只和罚款。另一方面,对于犬只出户未佩戴犬牌、未拴狗绳的情形,因城管执法部门本身不具有强制执行权,这就导致罚款的缴纳率极低。即此种处罚方式在惩罚后果上威慑力、惩治力有限,难以达到预期。基于此,犬只管理行政主管部门认为,如果警告可以解决相应的问题,就不再采取罚款、没收犬只等处罚方式。尤其是犬只执法的目的主要是保障社会生活的有序化。责令违法者改正,使他们往好的方向发展,教育、警告等比较人性化的措施才是好的选择。同时,避免硬性执法,有利于社区其他执法行为。由此来看,犬只管理实践同《养犬条例》具有十分明显的冲突,而且《养犬条例》所规定的处罚措施明显不切实际。因此,《养犬条例》中法律责任条款的设置应当进行适当修改。

第四,办证意识薄弱,登记率较低。Q市公安机关统计显示,《养犬条例》实施一年以来,市内主城区登记的犬只仅3906只。[①] 显然,《养犬条例》规定的"登记义务"条款并未在实践中得到充分实施。此外,课题组经调研发现影响犬只登记的因素主要集中在以下几个方面:一是登记费用有点高,养犬人无意去登记。二是执法不严。受访者普遍表示,即便不对犬只进行登记,犬只管理部门也不会采取惩罚措施。三是许多养犬人登记意识薄弱,并没有真正按照《养犬条例》的要求管理犬只。例如出行不戴狗牌、不戴犬绳等。总体而言,立法虽然对养犬人强加了诸多义务,但养犬人违反法律规定,更多是表现为道德问题,未上升到违法或犯罪的高度。换言之,犬只登记制度并没有在社会生活中产生实质性作用。

第五,犬只收容救助场所建设亟待加强。随着城市建设进程的加快,人口流动的速度也更快、更频繁,导致许多狗被遗弃。为此,Q市公安机关通过建立专门的犬只收养服务基地来加强流浪狗和违规没收犬只的管理工作。但受限于财政支出等方面因素,目前Q市犬只收养服务基地,无论是硬件设施,还是管理能力都比较薄弱,无法满足数量巨大的无主犬只。课题组调研发现,Q市犬只收养服务基地承载量上限为5000只,而对于超出的犬只只能被实施安乐死。所以,在此种情形下政府有限度的救助往往容易导致社会舆论的攻击,特别是对某些爱犬组织来说,这种处理方式是不能容忍的。因而,有必要加强犬只收容救助场所的建设,全面提升基地收容救助能力。

(三)《养犬管理条例》修改建议

总体上看,《养犬条例》的评估结果是良性的,其实施效果是值得

[①] Q市公安局和市畜牧兽医局的统计数据显示,市内主城区每年接受疫苗的犬只约为1.6万只,但登记的犬只仅有3906只。

肯定的。也就是说，该规定在实施过程中产生了十分积极影响，取得了一定的成效。但其中也存在多种不足之处，这也是立法机关、执法机关所应当改进的。现结合条例具体内容，提出建议如下。

第一，加强执法部门间的工作联系与协作，提升执法能力水平。一是通过开展业务培训、会议交流等多种形式，来不断加强养犬管理工作主管部门的交流。二是适度增加公安机关以及其他协同管理部门的财政预算和专业人员编制，在市、区两级成立专业化养犬管理稽查队，并提升犬只管理的硬件水平。全面落实《养犬条例》中相关条款的规定。三是借鉴杭州、西宁等地先进经验，打造"城市文明养犬智能化监管服务平台"。运用大数据、人工智能、互联网等现代信息技术，加强数字化平台系统建设，整合犬只电子标识有关信息，实行线上智能监管。未来应重点在Q市商业步行街、农贸市场、居民小区等人群密集地及禁入场所设置固定电子执法仪器，实行全景、全时监控。同时拓展运用感应报警技术，提高执法和取证效率。四是公安机关以及其他负有养犬管理职责的部门应当建立线下日常联合巡查制度，及时发现和查处违法养犬行为，以便于犬只管理执法部门及时、有效地解决养犬突发事件。

第二，针对法律责任条款的设置问题。《养犬条例》中法律责任条款的设置，虽然符合上位法的相关规定，但脱离了执法实践。由于犬只管理不同于其他类型的行政管理（调研中发现，许多养犬人将犬只视为家庭的组成部分），没收犬只、罚款并不能有效改善犬只饲养中的违法行为。而教育、训诫、整改等柔性执法方式又难以起到有效的规制效果。因此，对于基层执法而言，这种强硬的执法方式显然难以为养犬人所接受。因此，鉴于犬只管理属于特殊的执法领域，Q市犬只管理主管部门应当适度增加柔性执法的范围，并将罚款与教育结合起来，提升执法工作的民主性和民本性。

第三，完善犬只执法和文明养犬的奖惩机制。激励措施的存在既有

附论二　Q市《养犬管理条例》规制影响评估

利于提升犬只管理主管部门的执法积极性，同时也有助于提升养犬人文明养犬的自觉性，减少犬只纠纷的发生。建议将"文明养犬""自觉处理犬粪""佩戴犬只器具""关注小区环境卫生"的养犬行为作为奖励养犬人的评判标准。在全市设立"犬只管理先进单位""犬只执法先进个人"等荣誉称号，对在犬只管理领域中做出突出成绩的单位和个人，由犬只管理主管部门给予表彰或奖励。有鉴于此，建议Q市人大常委会应当将《养犬条例》增加一条。该条款内容可以设计为"对在犬只管理领域中做出突出成绩的单位和个人，由犬只管理主管部门给予表彰或奖励，并通过网络、报刊等方式予以公布"。同时，进一步完善惩罚机制。针对多次被举报或处罚的养犬人，主管部门应对其养犬活动进行重点监管。情节恶劣或者造成严重后果的，应纳入失信名单，进行联合惩戒。

第四，进一步加强犬只收容场所的建设与管理。一方面，政府部门应继续加大资金投入力度，不断完善收容救助场所的配套设施，改善犬只生活环境。特别是工作人员应注重增强服务意识，为收容的犬只采取必要的免疫和医疗措施。同时向社会免费提供丢失犬只信息查询服务。另一方面，政府应支持和鼓励有条件的民间动物保护组织和个人依法设立犬只收容救助场所，收留流浪、被弃养的犬只，从而形成多元化救助格局。

第五，加强养犬登记工作，一是建议Q市近期开展集中专项整治。社区民警会同街道、居委会开展入户调查，对辖区的养犬数量逐一登记汇总，建立详细档案，摸清底数。二是将犬只登记作为疫苗注射的前置条件。鉴于Q市犬只登记率低的情形，建议对《养犬条例》有关条款规定进行修改。具体而言，将条例的第八条第一款修改为"犬只出生满三个月或者免疫间隔期满的，养犬人应当携带《养犬登记证》到兽医主管部门确定的狂犬病定点免疫单位为犬只接种狂犬病疫苗"。从而使登记成为疫苗注射的前置程序。让登记成为养犬人的法律义务与责任，进而增强养犬人依法养犬、文明养犬意识。三是依托 Q 市政务通 App，进一步简化办证程序，实现居民养犬办证"零跑腿""网上办"，增强养犬登记的便捷度，提高养犬登记办证率。四是公安机关加强与畜牧部门的沟通，力争打破信息壁垒，将畜牧部门的免疫信息与公安机关办证信息联网比对，从存量信息中筛选出已免疫未办证人员，采用发短信等方式敦促其尽快依法办证。

第六，发挥好社区作用，推进犬只管理社会化。一是成立以社区党委书记任组长的文明养犬领导小组，制定相应工作制度、工作措施等保障机制。充分发挥党建引领作用，顶格协调推进文明养犬管理工作。二是由小区业委会或社区居民委员会牵头，通过签订一份文明养犬公约、组建一支社区文明养犬志愿者巡查队伍、建立一个文明养犬交流群等多种形式，增强居民文明养犬意识，规范文明养犬行为。三是赋予物业服务公司法定管理权力。加大物业管理与行政执法的衔接力度，建立基层执法队与住宅小区物业服务中心的信息互通和快速响应机制。四是充分发挥社区网格员作用，定期召开网格员信息交流会，收集本区域信息，最大限度地收集养犬人变动情况以及居民反映较为强烈的养犬等急需解决的问题。通过微信群、城市网格管理终端等媒介实现及时处置。五是要发挥行业协会、社会组织在城市治理中的积极作用。政府应制定相关政策、创造条件，支持和扶持行业协会、爱犬协会等社会团体及社会公众参与犬只管理，以政府购买服务的方式，运用社会力量积极推进城市犬只管理的进程。

第七，强化法制宣传教育。加强对城市养犬法律法规的宣传，树立养犬人文明养犬的意识。一是建议市文明办设立固定的 Q 市文明养犬宣传主题日，在全市范围内统一开展文明养犬主题宣传活动。执法人员、街道、社区工作人员应当深入基层一线，走近市民群众，通过讲解养犬相关法律法规，大力倡导依法文明养犬。二是在传统节假日、重要时间节点，社区可自行组织文艺演出。通过文明养犬顺口溜、小品、三句半等文艺节目，增强群众思想意识。三是对不文明养犬行为要进行及时曝光。政府应鼓励市民对各种不文明养犬行为和违规养犬行为进行举报，举报受理部门应及时对不文明和违规养犬行为进行查处，并将查处结果反馈给举报人。

附录　法律规制影响评估指标体系图表

评估	一级指标	二级指标	三级指标	观测点	评估方式
法律影响	社会影响	社会生活影响	居民生活影响	恩格尔系数、幸福感指数、诚信指数、压力指数、安全感指数、居民消费指数、人均住房面积、受教育率、居民收入、平均预期寿命、可支配性收入	定性或定量
			家庭生活影响	离婚率、孤儿收养比率、资源节约指数、生育率、家庭生活照明用电量、家庭储蓄余额、每万家庭拥有的车位数、家庭生活满意度、居民家庭电脑使用率	定性或定量
			社区建设影响	城市燃气普及率、小区生活垃圾无害化处理率、社区幼儿园数量、社区医院数量、社区居委会选举率、社区各类服务设施开放率	定性或定量

附录 法律规制影响评估指标体系图表

续表

评估	一级指标	二级指标	三级指标	观测点	评估方式
法律影响	社会影响	社会就业影响	劳动者待遇影响	住房补贴、通信补贴、交通补贴、子女教育补贴、工作报酬	定性或定量
			职业培训影响	组织培训次数、就业培训人次、再就业培训人次	定性或定量
			就业质量影响	住房补贴、通信补贴、交通补贴、子女教育补贴、每年加班次数、工作报酬	定性或定量
			就业数量影响	大学生就业率、失业率、再就业数量、自主创业率	定量
			工作环境影响	工会覆盖率，劳动争议案件结案率，员工的住宿、饮食和工作条件	定性或定量
		公共服务影响	文化发展影响	文化产业财政支出比例、广播（电视）节目人口覆盖率、图书种类、广告业收入、出版业收入、文化产业占国内生产总值比重、文化遗产保护数量	定性或定量
			教育水平影响	义务教学升学率、预算内教育经费占财政支出比例、学校学生人均预算内公用经费、高等教育每十万人口平均在校学生数	定性或定量
			公共安全影响	社会安全指数、每季度食品药品安全事故发生量，每月交通事故发生量、每季度社会治安案件发生率、非正常死亡率、火灾发生率、每万人口警察数	定性或定量

· 193 ·

续表

评估	一级指标	二级指标	三级指标	观测点	评估方式
法律影响	社会影响	公共服务影响	公共卫生影响	农村自来水普及率、城市农村公共厕所普及率、病理检查与临床诊断符合率、每10万人口甲乙类法定报告传染病发病率、每千人口医生数、医疗卫生支出占财政支出比例、婴儿死亡率	定性或定量
		社会基本价值影响	社会道德水平	刑事案件大案发生率、青少年犯罪比例、人口超生率、治安案件发案率、请愿上访人数、社会道德水平的提高、廉政指数、廉洁指数、社会纠纷调解的成功率	定性
			公民法治意识		定性
			公民权利保障	高中毕业生性别比系数、县级以上领导干部中女干部比重、女性就业率、女性受教育率、居民公平感、每万居民参加选举率	定性或定量
			社会公平正义		定性
			个人自由的影响		定性
		社会保障影响	社会保险影响	养老保险覆盖率、失业保险覆盖率、医疗保险覆盖率、工伤保险覆盖率和生育保险覆盖率，养老保险替代率、养老保险基金结余率、医疗保险支付率、医疗保险基金结余率、失业保险基金结余率、工伤保险基金结余率和生育保险基金结余率	定量
			社会福利影响	弱势群体保护支出占财政支出比例、城市孤儿院（养老院）数量、每万人社会福利机构从业人员数、农村养老保险覆盖率	定量

附录 法律规制影响评估指标体系图表

续表

评估	一级指标	二级指标	三级指标	观测点	评估方式
法律影响	社会影响	社会保障影响	社会救济影响	城镇贫困指数、城镇居民最低生活保障平均标准、农村贫困指数、农村贫困线标准、城乡贫困户救助、自然灾害救助次数和金额、鳏寡病残救助人数	定量
			社会安置影响	社会安置人次数、安置事业机构费、优待金额、人均享受金额、安置事业费、社会安置占财政支出的比例	定量
			社会互助影响	社会救助团体数量、国内款物捐赠数量、国外款物捐赠数量、社会救助基金义演义卖活动数量	定性或定量
	经济影响	宏观经济影响	经济增长的影响	国内生产总值（GDP）、国民生产总值（GNP）、经济增长率（RGDP）	定量
			投资资本的影响	固定资本形成总额、固定资产交付使用率、资本充足率、资本收益率、流动性比率	定量
			国际收支的影响	进出口总额、进出口结构调整、外贸依存度、外汇储备、外汇利率水平、外商投资额、境外投资规模	定量
			产业发展的影响	产业资产总计、产业产值、产业产量、产业增加值	定性或定量
			财政税收的影响	税收收入、专项收入、行政事业性收费收入、罚没收入、财政支出	定性或定量
			货币金融状况的影响	货币供应状况（M0/M1/M2）、利率状况（基准利率、商业银行利率、市场利率）、社会融资规模、存款、贷款余额、证券市场基本状况	定性或定量

· 195 ·

◇◇ **法律规制影响评估指标体系研究**

续表

评估	一级指标	二级指标	三级指标	观测点	评估方式
法律影响	经济影响	市场机制影响	市场价格的影响	生产者物价指数（PPI）、消费者物价指数（CPI）、大宗商品价格指数（CCPI）、固定资产投资价格指数、零售物价指数（RPI）、通货膨胀率（IR）	定量
			消费者权益的影响	消费者投诉总数、消协纠纷调解数量、工商部门申诉处理数量、消费者权益保护诉讼发案率、消费者损失赔偿数额	定性或定量
			不正当竞争的影响	不正当竞争案件发案率、受害人损失补偿数额、不正当竞争违法所得没收总额、不正当竞争违法行为罚款总额	定性或定量
			市场垄断的影响	市场垄断违法案件发案率、受害人损失补偿数额、垄断行为违法所得没收总额、垄断行为违法所得罚款总额	定性或定量
			产品质量的影响	产品质量认证合格企业数量、产品抽检合格率、产品质量投诉发案率、缺陷产品损害赔偿总额、质量违法行为没收总额、质量违法行为罚款总额	定性或定量

附录　法律规制影响评估指标体系图表

续表

评估	一级指标	二级指标	三级指标	观测点	评估方式
法律影响	经济影响	企业发展影响	企业设立注销的影响	企业注册登记数量、企业注册资本数额、企业注销数量、企业资产清算数额、企业设立注销的费用	定性或定量
			企业生产的影响	直接材料费用、直接人工成本支出、制造费用支出、其他直接支出	定量
			企业经营的影响	产品销售量、产品市场占有率、主营业务收入、经营管理费用、企业税收负担	定性或定量
			企业利润状况的影响	营业利润收益、金融利润收益、营业外利润收益	定量
		消费者影响	收入水平的影响	城镇人均可支配收入水平、农村人均纯收入水平、工资总额、个人所得税率	定量
			投资选择的影响	经营资产投资收益、证券产品投资收益、房地产投资收益、保值商品投资收益、保险产品投资收益、储蓄收益	定性或定量
			消费水平的影响	最终消费支出、消费品零售总额、消费者信心指数、消费结构改善指数、恩格尔系数	定性或定量
	环境影响	土壤资源影响	土壤质量的影响	土壤中重金属的含量、农业残留指标	定性或定量
			土壤数量的影响	耕地、园地、林地、牧草地、其他农用地、居民点及独立工矿用地、交通运输用地、水利设施用地面积	定量
			土地使用的影响	有机农业、绿色农业土地使用面积，杀虫剂的使用量，有机产品的产量	

· 197 ·

续表

评估	一级指标	二级指标	三级指标	观测点	评估方式
法律影响	环境影响	水资源影响	污染的水源排放	工业废水排放量、城镇生活污水排放量	定量
			饮用水质的改善	水质常规指标、饮用水中消毒剂、常规指标、水质非常规指标	定性或定量
			淡水资源的保护	地表水资源量、地下水资源量	定性或定量
			海洋水资源的利用	海水淡化工业用水量、海水淡化民用供水量	定性或定量
			用水量的节约	水量减少、水费减少	定量
		气候影响	温室气体的排放	水汽、氟利昂、二氧化碳、氧化亚氮、甲烷、臭氧、氧化亚氮、氢氟碳化物、全氟碳化物、六氟化硫等的排放量	定量
			臭氧物质的排放	臭氧的排放量	定量
		空气质量影响	燃煤产生的大气污染	二氧化硫、氮氧化合物、烟尘排放量	定量
			机动车船尾气的排放	氮氧化合物、烟尘排放量	定量
			废气、尘和恶臭污染	二氧化硫、氮氧化物工业烟尘、生活二氧化硫、生活氮氧化物、生活烟尘排放量	定量
		固体废物影响	工业固体废物的影响	废物产生量、综合利用量、储存量、处置量、倾倒丢弃量	定性或定量
			危险固体废物的影响	废物产生量、综合利用量、储存量、处置量、倾倒丢弃量	定性或定量
			医疗废物的影响	废物产生量、综合利用量、储存量、处置量、倾倒丢弃量	定性或定量
			城市生活废物的影响	废物产生量、综合利用量、储存量、处置量、倾倒丢弃量	定性或定量

附录　法律规制影响评估指标体系图表

续表

评估	一级指标	二级指标	三级指标	观测点	评估方式
法律影响	环境影响	噪声影响	工业噪声的控制	工业噪声等级	定量
			建筑施工的噪声控制	建筑噪声等级	定量
			交通运输噪声的控制	交通噪声等级	定量
			社会生活噪声的控制	社会噪声等级	定量
		动植物资源影响	动植物数量、品种的增加	数量增加、种类增加	定量
			濒危物种的保护	濒危动物种类、濒危植物种数	定性或定量
			动植物保护区	保护区的数量、保护区的面积、保护区的级别	定性或定量
		矿物资源影响	煤炭资源的影响	煤炭生产量、消费量、煤炭的发电量	定性或定量
			石油资源的影响	石油生产量、消费量	定性或定量
			金属资源的影响	金属资源生产量、消费量	定性或定量
			非金属资源的影响	非金属资源的生产量、消费量	定性或定量
		生态保护影响	生物多样性保护	植物多样性（藻类种数、地衣种数、苔藓种数、蕨类种数、裸子植物种量、被子植物种数） 动物数量（无脊椎动物种数、昆虫种数、脊椎动物种数）	定性或定量
			自然保护区建设	保护区的数量、保护区的面积、保护区的级别、保护区管理费用	定性或定量

· 199 ·

法律规制影响评估指标体系研究

续表

评估	一级指标	二级指标	三级指标	观测点	评估方式
法律影响	环境影响	生态保护影响	风景名胜区建设	名胜区的级别、名胜区的数量、名胜区面积、名胜区管理费用	定性或定量
法律影响	环境影响	生态保护影响	历史文化遗迹保护	文化遗产修复费用、文化景区面积、文化景区管理费用	定性或定量

指标说明：法律规制影响评估指标体系作为一般性的指标体系，在具体适用时应注意以下事项，（1）不同类型的法规要根据自身性质的差异，选择相应的指标作为考察对象，如经济性法规侧重于经济收益指标考量，社会性法规侧重于社会收益指标考量等。（2）法规选取指标也可以通过专家建议方式，如专家征询程序来确定。（3）法规选择的指标还可以通过问卷调查方式，向相关利益主体咨询适用的信息，从而确保评估的合理性。

参考文献

一　中文著作

陈健：《社会科学定量研究：原理、方法与应用》，东南大学出版社 2018 年版。

陈潭等：《公共政策案例分析：基于理论的与实证的视角》，湖南师范大学出版社 2003 年版。

陈振明编著：《公共政策分析导论》，中国人民大学出版社 2015 年版。

[德] 赖因哈德·施托克曼、[德] 沃尔夫冈·梅耶：《评估学》，康以志译，人民出版社 2012 年版。

[德] 马克斯·韦伯：《经济与社会（下卷）》，林荣远译，商务印书馆 1997 年版。

风笑天：《现代社会调查方法》（第六版），华中科技大学出版社 2021 年版。

巩固：《环境伦理学的法学批判——对中国环境法学研究路径的思考》，法律出版社 2015 年版。

何德文主编：《环境影响评价》（第二版），科学出版社 2018 年版。

胡筱敏主编：《环境学概论》，华中科技大学出版社 2010 年版。

李向东：《行政立法前评估制度研究》，中国法制出版社 2016 年版。

梅黎明等：《中国规制政策的影响评价研究》，中国发展出版社 2014 年版。

[美]哈罗德·J.伯尔曼：《法律与宗教》，梁治平译，商务印书馆2012年版。

[美]罗斯科·庞德：《通过法律的社会控制》，沈宗灵译，商务印书馆2010年版。

任保平等：《经济增长理论史》，科学出版社2014年版。

汪全胜等：《立法后评估研究》，人民出版社2012年版。

汪全胜：《立法成本效益估研究》，知识产权出版社2016年版。

王柏荣：《困境与超越：中国立法评估标准研究》，法律出版社2016年版。

吴浩、李向东编：《国外规制影响分析制度》，中国法制出版社2010年版。

席涛：《法律经济学——直面中国问题的法律与经济》，中国政法大学出版社2013年版。

席涛：《美国管制：从命令—控制到成本—收益分析》，中国社会科学出版社2006年版。

夏正林、王胜坤、林木明：《地方立法评估制度研究》，法律出版社2017年版。

易有禄：《国家治理视域下税收立法前评估制度研究》，知识产权出版社2021年版。

[英]亨利·萨母奈·梅因：《古代法》，高敏、瞿慧虹译，九州出版社2007年版。

张琼：《制度变迁视域下地方立法评估制度演进研究》，中国法制出版社2023年版。

郑杭生主编：《社会学概论新修》（第二版），中国人民大学出版社2015年精编本版。

朱景文主编：《法社会学》，中国人民大学出版社2013年版。

二　中文论文

陈琛、施国庆：《公共政策社会影响评估的价值观变革与方法论创新》，《江苏社会科学》2024年第2期。

冯玉军：《中国法律规范体系与立法效果评估》，《中国社会科学》2017年第12期。

高秦伟：《美国规制影响分析与行政法的发展》，《环球法律评论》2012年第6期。

黄迪、刘海东、王亚男：《我国环境影响评价与社会稳定风险评估制度关系的思考》，《中国环境管理》2018年第3期。

黄少安：《制度经济学中六个基本理论问题新解》，《学术月刊》2007年第1期。

江国华、刘新鹏：《法律制度实施效果第三方评估机制》，《江汉论坛》2019年第8期。

金成波：《立法中成本收益分析制度的论争、作用及定位》，《浙江学刊》2016年第1期。

李店标、冯向辉：《地方立法评估指标体系研究》，《求是学刊》2020年第4期。

李林：《全面推进依法治国的时代意义》，《法学研究》2014年第6期。

李勇：《立法性别平等评估的地方经验和国家构建的着力点》，《中华女子学院学报》2020年第2期。

孟涛、江照：《中国法治评估的再评估——以余杭法治指数和全国法治政府评估为样本》，《江苏行政学院学报》2017年第4期。

莫纪宏：《论"中国式现代化"的法治保障》，《山西师大学报》（社会科学版）2023年第3期。

莫景昭：《法律的变化对产业发展的影响——基于〈旅游法〉出台对旅游业的影响》，《经济研究导刊》2014年第29期。

钱鹤群：《欧盟规制影响评估制度及其对我国规制改革的启示》，《学习与探索》2019年第2期。

钱弘道、王朝霞：《论中国法治评估的转型》，《中国社会科学》2015年第5期。

孙晓东：《立法后评估的一般指标体系分析》，《上海交通大学学报》（哲学社会科学版）2012年第5期。

汪全胜：《法治指数的中国引入：问题及可能进路》，《政治与法律》2015年第5期。

王保民、王碧：《我国中央行政立法前评估指标体系的构建》，《西安交通大学学报》（社会科学版）2018年第5期。

王称心：《立法后评估标准的概念/维度及影响因素分析》，《法学杂志》2012年第11期。

王旭：《论习近平法治思想中的国家制度和法律制度理论》，《法学》2024年第9期。

吴睿佳：《立法量化评估方法的规范适用研究》，《北京科技大学学报》（社会科学版）2021年第3期。

张文显：《全面推进中国特色社会主义法治体系更加完善》，《法制与社会发展》2023年第1期。

赵雷：《行政立法之成本收益评估分析——美国经验与中国实践》，《环球法律评估》2013年第6期。

周汉华：《全面依法治国与第三方评估制度的完善》，《法学研究》2021年第3期。

周林彬、黄健梅：《法律在中国经济增长中的作用：基于改革的实践》，《学习与探索》2010年第3期。

周小亮、李婷：《技术创新与制度创新协同演化下促进经济增长的条件研究》，《东南学术》2017年第1期。

三　外文著作

Cass R. Sunstein, *The Cost-Benefit State: The future of Regulatory Protection*, Chicago: American Bar Association, 2002.

Daron Acemoglu, James A. Robinson, *Why Nations Fail- The Origins of Power, prosperity, and poverty*, New York: Crown Publishing Group, 2012.

Douglass North, *Institutions, Institutional Change and Economic Performance*, New York: Cambridge University Press, 1990.

Great Britain, National Audit Office, *Evaluation of Regulatory Impact Assessments 2006 – 07*, London: The Stationery Office, 2007.

K. Puttaswamaiah, *Cost-Benefit Analysis: Environmental and Ecological Perspective*, London: Transaction publishers, 2000.

Richard D. Morgenstern, *Economic Analyses at EPA: Assessing Regulatory Impact*, UK: Routledge, 1997.

Robert Nozick, *The Nature of Rationality*, Princeton: Princeton Press, 1993.

四　外文论文

Andrea Renda, "Impact Assessment in the EU: the State of the Art and the Art of the State", *Center for European Policy Studies*, 2006.

James J. Murphy, P. Geoffrey Allen, Thomas H. Stevens, Darryl Weatherhead, "A Meta-Analysis of Hypothetical Bias in Stated preference Valuation", *Environmental and Resource Economics*, Vol. 30, No. 3, 2005.

Klaus Jacob, "Regulatory Impact Assessment and sustainable Development: Towards a Common Framework", *European Journal of Risk Regulation*, Vol. 1, No. 3, 2010.

Luis Guasch and Robert Hahn, "The Costs and Benefits of Regulation: Implication for Developing Countries", *The World Bank Observer*, vol. 14,

No. 1, 1999.

Murray L. Weidenbaum, "Regulatory process reform: from Ford to Clinton", *Regulation*, Vol. 20, No. 1, 1997.

Norman Lee and Colin Kirkpatrick, "Evidence-based policy-making in Europe: an evaluation of European Commission integrated impact assessments", in *International Association for Impact Assessment, Impact Assessment and Project Appraisal*, UK: Taylor and Francis Group, 2006.

Robert W. Hahn and Cass R. Sunstein, "A New Executive Order for Improving Federal regulation? Deeper and Wider Cost-Benefit Analysis", *University of Pennsylvania Law Review*, Vol. 150, No. 5, 2002.

Steven, A. Meyerowitz, "Regulatory Impact Assessment", *Banking Law Journal*, Vol. 123, No. 3, 2006.

Thorsten Beck and Ross Levin, "Legal Institutions and Financial Development", in Claude Menard and Mary M. Shirley, *Handbook of New Institution Economics*, Berlin: Springer-Verlag, 2005.